Cómo Analizar Personas

Mejore Sus Habilidades De Influencia Y Persuasión Leyendo El Lenguaje Corporal Y Las Técnicas De Control Mental

Dale McLeo

Tabla de Contenidos

Introducción

Como humanos, comunicamos nuestros sentimientos e intenciones de más formas de las que incluso somos conscientes. Ya sea a través del habla, la escritura, el lenguaje corporal o incluso un cambio repentino en nuestras elecciones habituales, poder interpretar dicha información correctamente es una ventaja que no debe ignorarse. De hecho, nos hace poderosos cuando podemos descifrar el estado de ánimo, la intención y los deseos de aquellos con quienes nos comunicamos.

Es con este fin que se escribió este libro, ***Cómo analizar a las personas***. Ya sea que esté en el escenario, conversando casualmente con un amigo o entrevistando a alguien para un trabajo, los métodos en este libro serán de gran beneficio para usted.

Además de poder analizar a las personas, este libro también revela métodos probados para influir y controlar los pensamientos y acciones de cualquier persona. Y por probado, eso significa que no hay nada ficticio sobre los métodos de control mental compartidos en este libro. ¿Quién no querría aprender tal habilidad?

Capítulo 1: ¿Qué es la comunicación verbal?

No hay reglas fijas sobre cómo las personas transmiten conocimiento e información. En algunos lugares y para algunas personas, el uso de signos y símbolos es el único medio conocido para transferir ideas, información o conocimiento. La comunicación verbal es el medio más conocido para transmitir nuestros pensamientos. Es el más fácil y el más rápido. La comunicación verbal es una comunicación oral o escrita en la que un individuo o grupo de personas se comunica con otro individuo o grupo de personas con el uso de palabras. Es un medio de comunicación en el que la persona que desea transmitir información o conocimiento lo hace vistiendo sus sentimientos, pensamientos y observaciones con palabras. Esta comunicación puede ser en forma de argumentos, discusiones, presentaciones, reuniones, etc. El quid de esto es que todo lo que siente o piensa el comunicador se libera a través de las palabras.

La efectividad de la comunicación verbal depende principalmente del comunicador. En la comunicación verbal, se espera que el hablante sea consciente de sus expresiones, volumen de voz, tono, velocidad, etc. Se espera que un hablante que se comunica verbalmente hable con un tono alto y con claridad. Es importante que el público no solo escuche al orador sino que también pueda comprender perfectamente qué ideas está tratando de transmitir el orador. También se espera que un hablante, hablando verbalmente, tenga en cuenta la naturaleza de su audiencia mientras se comunica. Conectarse con la audiencia es clave, y ayuda a garantizar que lo que se pretendía transmitir se haya transmitido. Las intenciones exactas del hablante deben ser entendidas por la audiencia, vívidamente. Esto es particularmente posible al garantizar que, como orador, reciba comentarios de su audiencia.

La retroalimentación de la audiencia no necesita ser oral. La retroalimentación podría existir en forma de asentimientos por parte de la audiencia, o su atención absorta a lo que se dice o la forma de las preguntas formuladas después o durante la comunicación. De cualquier manera, esta retroalimentación ayuda al orador a saber qué tan bien se están comunicando con su audiencia. El tono y la velocidad utilizados en una presentación, reunión o discurso no son los mismos que los utilizados en una discusión o debate. La respuesta del destinatario suele ser instantánea en la comunicación verbal, debido al hecho de que el envío y la recepción de información entre el comunicador y el oyente es simultáneo. La efectividad de la comunicación verbal también depende de la capacidad de escucha del hablante al oyente y de su atención a los detalles.

Muchos se apresuran a suponer que la comunicación verbal trata solo con palabras habladas, pero esto no es así. La comunicación verbal es el uso del lenguaje para comunicarse, y esta comunicación podría ser tanto escrita como oral. Lo que está leyendo ahora es un fragmento de información verbal y escrita. A través de las páginas de este libro, tenemos comunicación verbal. El oral no solo está asociado con el boca a boca sino también con las palabras escritas. La comunicación verbal es cualquier forma de comunicación con palabras, mientras que la comunicación no verbal no implica el uso de palabras. Esto podría ser el uso de gestos, silencio u otros movimientos. Algunas personas aplauden, chasquean los dedos o tocan una parte de su cuerpo para comunicarse. Por lo general, esto se codifica entre el comunicador y el destinatario, quienes podrían no querer que las personas que los rodean descubran lo que se transmite. Si lloraste, reíste o gritaste, enviarás un mensaje a las personas que te rodean, pero esto no califica como comunicación verbal. Tanto la comunicación no verbal como la comunicación verbal pueden usarse exactamente para el mismo propósito: enviar mensajes a las personas que nos rodean sobre lo que pensamos o sentimos, o nuestras ideas y conocimientos, sin embargo, ambos no se comunican utilizando los mismos medios.

Tipos de comunicación verbal

1. **Comunicación verbal intrapersonal**: Esta es una forma de comunicación verbal que es extremadamente privada y restringida. Involucra a una sola persona en la cual el remitente y el receptor del mensaje alternan roles. Estas son comunicaciones silenciosas que tenemos con

nosotros mismos. Podría ser a través de soliloquiar o simplemente nuestros pensamientos en nuestras cabezas, o palabras dichas en voz alta para alentarnos. De cualquier manera, el comunicador es el destinatario de la información, y generalmente es privado.

2. **Comunicación verbal interpersonal**: Esta forma de comunicación involucra solo dos individuos. Aquí, el papel de comunicador: el receptor se intercambia constantemente entre las dos personas. Una relación interpersonal también es restringida y privada porque todo lo que se está discutiendo está restringido solo a los dos participantes en la discusión a pesar de que otro puede unirse posteriormente o de manera intermitente.

3. **Comunicación verbal en grupos pequeños**: Esto implica la comunicación entre más de dos personas. Encontramos esta forma de comunicación en reuniones de equipo, reuniones de grupo o junta, conferencias de prensa y otras reuniones con un número cuantificable de personas. El requisito aquí es que el número de personas no debe ser demasiado grande para permitir que cada participante se comunique con el otro. Por lo general, la comunicación en grupos pequeños debe ser ordenada ya que las personas involucradas son insignificantes; sin embargo, la comunicación puede volverse caótica si los participantes no presentan su agenda. Incluso cuando se

elabora una agenda, podría volverse caótica si no se organiza adecuadamente.

4. **Comunicación verbal pública**: Este es el más amplio de los cuatro tipos de comunicación. Se trata de un orador que se dirige a un gran grupo de personas. Las campañas electorales, el manifiesto, etc. son ejemplos de este tipo de discusión. Se requiere mucho en la comunicación pública que en cualquiera de los otros tres tipos de comunicación. Algunas de las habilidades discutidas más adelante podrían no ser tan importantes en ninguno de los otros tres, pero todas las habilidades deberían utilizarse aquí. La comunicación no verbal también es crucial aquí también.

Diferencias entre comunicación verbal y no verbal

1. Si bien parece que en todos hemos dicho que la comunicación verbal es más accesible, esto no será lo mismo después de haber discutido y entendido completamente las diferencias entre la comunicación verbal y no verbal. En el primer sentido, la comunicación verbal utiliza un solo canal de comunicación (palabras). O dices una palabra a la vez o no dices nada. No puedes decir varias palabras al mismo tiempo. Además, al comunicarse verbalmente, solo puede usar palabras y nada más. Esta

es la definición básica y única de comunicación verbal: comunicación con el uso de palabras, ya sean escritas u orales. Aprenderá que mientras lee este libro, también puede masticar chicle con la mano en la cabeza y al mismo tiempo poner los ojos en blanco. Esto implica que la comunicación no verbal utiliza múltiples canales de comunicación. Se está comunicando al mismo tiempo utilizando diversos medios. Además, la comunicación no verbal no utiliza solo una forma de comunicación. Incluye contacto visual, aplausos, gritos, golpes en los pies, etc. A diferencia de la comunicación verbal, que usa solo un medio para comunicarse (palabras), la comunicación no verbal usa múltiples medios de comunicación.

2. En segundo lugar, la comunicación verbal es distinta y lineal, mientras que la comunicación no verbal no lo es. Este último es continuo y relativo al contexto. Por lo general, las palabras tienen un significado definido y una forma prescrita en la que se usan. Al hacer una oración, hay partes de la oración que deben venir antes que la otra antes de que pueda considerarse gramaticalmente correcta. Además, las palabras proceden de manera lineal. Sabemos que para deletrear la palabra "atrás", debe comenzar con la letra 'a' y terminar con la letra 's'. No solo esto, debe proceder de manera definida para que pueda ser correcto. No puedes deletrear 'atrás' como 'atrás'. Para la comunicación verbal, todo está definido y hay reglas

que regulan cómo se deben organizar y usar las palabras en algunos casos. Sin embargo, la comunicación no verbal funciona según el contexto. Si alguien se acerca a ti, riendo y saludando, no significa necesariamente que tenga buena voluntad hacia ti, pero lo más probable es que esto se interprete como buena voluntad. No hay reglas definidas para comunicarse bajo comunicación no verbal. Las acciones y los medios de comunicación se mueven de acuerdo con el contexto, continuamente.

3. La comunicación verbal implica comunicación consciente, mientras que la comunicación no verbal es, en la mayoría de los casos, inconsciente. Es un hecho que las personas piensan qué decir o escribir antes de hacerlo. A veces, incluso tenemos que revisar una y otra vez lo que queremos decir de antemano para asegurarnos de que estamos encaminados. Particularmente, cuando tiene que participar en un debate organizado o dar un discurso, tiene que pensar en lo que quiere decir, cuándo decirlo y cómo decirlo. Todo esto no se da en la comunicación no verbal. Cuando la gente que te rodea dice cosas graciosas, no tienes que pensar en reír; viene a ti naturalmente. A veces no piensas antes de involucrarte en la mayor parte de tu comunicación no verbal y, a menudo, el significado que se pretende en la comunicación no verbal suele estar fuera de lugar. Una mirada a una persona puede malinterpretarse de lo que se pretende. Es importante

entender que no todo el tiempo la comunicación no verbal es inconsciente. Si fueras a una entrevista, podrías ser consciente de cómo eliges pararte y mirar e incluso tu gesto. Lo mismo ocurre si estás en una reunión y se dice algo divertido, puedes elegir no reír. Lo principal a entender es que la comunicación no verbal se puede hacer de manera inconsciente o consciente, pero la comunicación verbal suele ser consciente.

4. Otra diferencia significativa es que la comunicación no verbal es principalmente universal, mientras que la comunicación verbal no lo es. En general, se cree que sonreír tiene buena voluntad y se siente unido a él y que se debe evitar una persona que insulta. Sin embargo, esta no es una regla general porque los contextos difieren, y lo que significa una comunicación no verbal particular en un contexto podría no ser lo mismo en otro. Es una creencia cultural que en Corea del Sur, no le das dinero a una persona con solo una mano. Cuando hablamos de comunicación verbal, por otro lado, connota algo que no es general. Esto se debe a que las personas difieren según sus diversas culturas, dialectos y formas de vida, por lo que una palabra distinta podría tener un significado en un lugar y otro significado en otro lugar. La principal diferencia es que la comunicación no verbal es más universalmente aceptada en su uso que la comunicación verbal.

Las diferencias explicadas anteriormente nos han ayudado a apreciar mejor la necesidad de las habilidades para comunicarse eficazmente verbalmente, ya que las características de la comunicación verbal y no verbal están entrelazadas y en la mayoría de los casos uno no puede estar sin el otro. Como se deducirá de nuestra próxima discusión, a pesar de que esta sección trata sobre educarnos sobre la comunicación verbal y las habilidades necesarias para comunicarse mejor verbalmente, uno no puede tener uno sin el otro. Por lo tanto, es importante que aprendamos a comunicarnos mejor de manera no verbal y al mismo tiempo verbalmente.

Capítulo 2: Habilidades de comunicación verbal

A menudo se dice que donde cientos de personas con el mismo talento compiten por un puesto en particular, entonces lo que se destaca del resto son nuestras habilidades interpersonales. ¿Cómo abordas las situaciones? ¿Como hablas? ¿Cómo transmites tu idea a otro? Todas estas cosas son importantes, especialmente en un mundo competitivo como el nuestro. Nos estamos dando cuenta rápidamente de que una cosa es saber algo, y es algo completamente diferente comunicarle al mundo lo que sabemos de una manera que vendería lo que usted sabe al público. Con el tiempo, comenzamos a darnos cuenta de que, por insignificantes que parezcan las pequeñas cosas, todas importan. Las cosas pequeñas también importan. Esto llevaría a la pregunta razonable de qué se podría hacer para aumentar las habilidades de comunicación verbal. Con solo una sonrisa, una disposición libre a la forma en que transmitimos nuestros mensajes, un tono más claro y un método estelar de expresión al escribir, no hay límite para cuán excelente podría ser nuestra comunicación y qué tan bien seríamos mejores para hacer lo que hacemos. sabemos cómo hacerlo mejor. Es importante tener en cuenta que nada de lo escrito debajo de este subtítulo tiene la intención de dar la impresión de que la comunicación verbal solo trata con el diálogo hablado. Cada habilidad discutida aquí cubre la definición completa ya adjunta a la comunicación verbal anterior, que es que la comunicación verbal es la transmisión de ideas, pensamientos, sentimientos, conocimiento e información con el uso de palabras. A continuación se presentan algunas habilidades de comunicación verbal:

1. **Sea amable en su forma de acercamiento**: Como se dijo anteriormente, las pequeñas cosas importan. Una sonrisa debe acompañar su manera de comunicarse. Estos, por supuesto, deberían basarse enteramente en el tema de discusión. El ingrediente principal requerido en su comunicación es que usted sea real en la forma en que se comunica con su audiencia. Las personas están más dispuestas a escuchar y aceptar a las personas que son amigables en la forma en que interactúan con las personas, y que son fieles a esa amistad. Significa que ser pretencioso no funcionará. La comunicación verbal se puede utilizar tanto en un entorno formal como informal. Cuando te comunicas verbalmente en un entorno formal, puedes elegir el estado de ánimo del entorno.

2. **Antes de hablar, piensa**: Hay un dicho popular sobre callar cuando no tienes nada que decir y dejar que todos crean que eres un tonto que abrir la boca y eliminar toda duda. Esta habilidad es para generar respeto con su comunicación porque las personas estarán acostumbradas al hecho de que no solo habla sin razón y que piensa en lo que quiere decir antes de hablar. Las

personas son más propensas a escucharte cada vez que finalmente hablas si bebes esta habilidad. Sin embargo, esta habilidad no implica que no deba tener una opinión sobre temas controvertidos. No significa que debido a que siente que lo que está a punto de decir o escribir se descartará, no debe dar un salto. Solo significa que antes de expresar sus opiniones, deben valer la tinta de su bolígrafo o la plata de su boca.

3. **Sea claro al comunicarse**: No todos tienen el tiempo o la energía emocional para escuchar a las personas hablar. Si usted es una de esas personas que no sabe hablar sin andar por las ramas, entonces es posible que tenga que pensar mucho antes de escribir sus pensamientos, y también antes de hablar. Una persona que se comunica indirectamente nunca atrae ninguna forma de respeto, e incluso si lo hace, no será cómo interactúa. A veces, su incapacidad para comunicarse puede deberse a la ideología defectuosa de que para ser escuchado y respetado, debe usar palabras ambiguas. Realmente nos hemos comunicado si el destinatario comprende y aprecia la riqueza de nuestro conocimiento. No se ha hecho ninguna comunicación mostrando la cantidad de sinónimos o antónimos que uno conoce con respecto a una palabra en particular. Debes intentar dejar a tu audiencia menos confundida que cuando la conociste.

4. **Habla menos**: Hay belleza en la brevedad. A nadie le gustan las personas que aman dominar a otros con sus palabras. A nadie le gustan las personas que repiten sin darles espacio para que otros expresen sus puntos de vista. Aprende a ser conciso y da en el clavo cuando te comuniques. Su capacidad de decir mucho en pocas palabras será escuchada y respetada más. El truco aquí es entender cuándo decir menos. Si lo que tiene la intención de decir se puede decir con menos palabras de las que esperaba, definitivamente debe tomar esa ruta.

5. **Se autentico/a**: Muchas veces, vemos personas que muestran "drama" en nombre de la comunicación. Las personas que creen que no pueden comunicarse de manera efectiva sin mostrar primero el drama terminan simplemente entreteniendo a su audiencia sin haber dicho nada. Hoy, más que nunca, las personas son para quienes tienden a retratar a otros lo que no son. Para comunicarse completamente y transmitir su información, debe ser libre, genuino y transparente. El mundo con el que hablas te apreciará más si les hablas desde tu corazón.

6. **Practica el respeto y la humildad**: Las personas tienen en alta estima a quienes les otorgan el mismo respeto o una forma aún mayor de respeto. La humildad es una visión modesta de lo importante que eres en un determinado lugar, situación o en medio de personas. Hablarles a las personas con un sentido de humildad y

respeto les estimula a tratarte de la misma manera cuando te hablan. La gente humilde atrae gente hacia ellos. Aprender a hablar respetuosamente con las personas es clave en su comunicación.

7. **Ten confianza**: Cuando hablamos de exudar humildad en su comunicación y luego también hablamos de confianza en uno mismo, no significa que sacrifique su confianza en el altar de la humildad. Cuando hablamos de confianza, es la apreciación de las habilidades y talentos de uno. La humildad, por otro lado, trata con una visión modesta de esas habilidades y cómo nos hacen diferentes de los demás. Debes poder apreciar lo que tienes mientras eres modesto en tu apreciación. Esta es la manera perfecta de ser seguro de sí mismo pero humilde. No es suficiente que hagas esto; debes exudar tu humildad y dejar que viva a través de la forma en que te comunicas. Esto se puede deducir de su elección de palabras, el tono y el tono de su voz, su aptitud en la descripción, la forma en que mira a su audiencia y, por supuesto, su lenguaje corporal. Hay otros factores determinantes. No hay límite para lo que puede hacer para comunicarse con confianza y humildad al mismo tiempo.

8. **Cuida tu lenguaje corporal**: Digamos que sus palabras son el vehículo y su lenguaje corporal es el combustible que necesita para mover el vehículo. Sin su lenguaje corporal, sus palabras son tan buenas como sin

sentido y su comunicación se destruye incluso antes de que tenga la oportunidad de hacerlo bien. Nunca hay una segunda oportunidad para crear una buena primera impresión, por lo que debe darle a su audiencia una sensación que los haga querer escucharlo nuevamente en cualquier momento y en cualquier lugar en el futuro. Deje que el lenguaje que habla su cuerpo mientras se comunica coincida con las palabras que salen de su boca. Haz gestos y aléjate un poco del podio de vez en cuando. Mire a las personas cuando tenga una conversación facial con ellas (no hacia abajo o de lado), y no se distraiga mirando a su alrededor mientras se comunica con una persona. Hace que se sientan sin importancia, y te hace ver que no mereces respeto. Se supone que usted no es serio o tiene poca o ninguna idea de lo que está hablando. Aprende a llevar tus palabras con tu lenguaje corporal.

9. **Sea conciso**: Ya hemos comentado sobre esto anteriormente. Además, tome su bolígrafo, escriba lo que desea que se comunique con precisión y suelte el bolígrafo. Incluso en conversaciones informales, hay límites para ser extremo con la conversación. No aburras a tu audiencia con largos discursos. Haz que quieran que continúes después de haber dejado caer el micrófono o el bolígrafo.

10. **Imbié el arte de escuchar**: La mayoría de los buenos comunicadores omiten esta habilidad a veces, si no todo

el tiempo. Además de todo lo que ya se dijo, debe ser un buen oyente para poder comunicarse efectivamente con los demás. Sabrás si las personas con las que te estás comunicando te están escuchando si eres un buen oyente. Muestre un interés genuino por lo que se diga en el curso de su comunicación, escuche atentamente, tome notas si es necesario y no interrumpa. De esta manera, la gente sabe que no solo quieres hablar y salir del entorno para que nunca más te vean, sino que también estás realmente interesado en lo que le estás diciendo a la gente.

11. **Habla con eficacia**: Esto puede sonar despectivo, pero es una de las habilidades básicas necesarias para comunicarse. Cuando hablamos de hablar eficazmente, atraviesa varias partes. Hablar eficazmente incluye su elección de palabras, cómo las pronuncia y la forma en que apoya lo que se dice con su comunicación no verbal. Es un hecho que necesitaría usar una variedad de palabras mientras habla. A menudo, usamos diferentes palabras para diferentes ocasiones e incluso para las mismas situaciones la mayoría de las veces. La forma en que hablaría con un niño de dos años para darle algo que él/ella está sosteniendo será diferente de la forma en que le pediría algo a un adulto. Las situaciones son las mismas; el único cambio es con las personas con las que estás hablando en diferentes momentos. Tendría que dominar la habilidad de alinear su tono, voz, expresiones

faciales y ritmo con su audiencia. Su voz cuando habla en una conferencia de miles debería ser más fuerte que cuando habla en un aula. La forma en que dices lo que dices y la expresión que emana de tu cuerpo dice mucho sobre tu confianza, tu profundo conocimiento de lo que estás diciendo, etc.

12. **No estereotipas a tu audiencia**: Esto es muy importante, especialmente cuando uno está llamado a hablar en calidad de asesor o motivador. A menudo, las personas vienen a hablarle a una audiencia con la creencia de que la mayoría, si no todos, son hacedores de todo lo que el orador ha presentado. No le hablas a un grupo de hombres sobre feminismo y luego les hablas como misóginos. Provoca la impresión de que tiene una opinión preconcebida negativamente sobre ellos y que no le sienta bien tanto a su comunicación como a su audiencia. En cambio, cuando hable, mantenga una mente abierta. Pregúntese sinceramente: "¿Estoy aquí para hacer que estas personas aprendan sobre la mutilación genital y sus efectos adversos en las niñas, o estoy aquí para hablar sobre el aumento continuo en el número de mutilaciones genitales y sobre cómo no estamos haciendo nada al respecto?" "Incluso si uno de los miembros de su audiencia es un ferviente defensor de todo lo que habló, aún así, hable sin ser un juez. Su oponente podría estar

convencido por todo lo que dijo si solo dijera lo que fue llamado a decir y nada más.

13. **Considera la perspectiva de tu audiencia**: Te llamaron para hablar o escribir sobre un tema porque tienes un gran conocimiento en ese campo específico y porque aquellos que te invitaron querían que enseñaras a otros lo que sabes. Es importante que se acerque lo más posible al nivel de su audiencia. El objetivo es asegurar que su audiencia entienda todo lo que tiene que decir y no decirles que sabe lo que se le ha llamado a decir. Divide el tema lo más posible a un nivel que tu audiencia entienda. De esto se trata la comunicación.

Es importante comprender que las personas se sienten atraídas principalmente por personas como ellos, si no todo el tiempo. Es por eso por lo que la mayoría de tus amigos son aquellos que tienen la misma vibra y energía (o falta de energía) que tú. Es esencial dominar a las personas cuando intenta comunicarse con ellas. Examina el medio ambiente y prueba las aguas. No puede hablar con un grupo de graduados universitarios de la misma manera que hablaría con una clase de niños en edad escolar si les diera a los dos grupos de estudiantes consejos de graduación. Debes aprender a integrarte a la situación y a tu audiencia. Si están hablando en voz baja, no habría necesidad de seguir y seguir como si uno estuviera discutiendo. Si es una discusión, uno esperaría que igualaras la energía de tu oponente. Aprender a integrarse en su entorno aumentará su relación de buena voluntad con las personas, aumentará su valor de mercado si es un vendedor y aumentará su autoestima.

Una pregunta importante es: ¿por qué es importante la comunicación verbal? ¿Por qué es importante que esté bien equipado con las habilidades de comunicación oral? Los humanos son una manada de animales, por lo que sería casi imposible poder convivir entre sí sin el uso de un conjunto de palabras bien definido y restringido. Imagínese si no hubiera palabras para comunicarse o si el uso de palabras no estuviera regulado. ¿Cómo se vería si "gato" se deletreara de alguna manera siempre que las letras "a", "c" y "t" estén en la palabra deletreada? Imagínese si todas las palabras significaran lo mismo, y no hubiera manera de expresarnos de otras maneras. A los humanos les habría resultado muy difícil convivir. Esto se debe a que todos los días anhelamos ser escuchados, hacer un punto y transmitir a los demás cómo nos sentimos. Si retrocedemos en la historia, descubrimos que nuestros antepasados, incluso en su vida cotidiana, usaban palabras para cuidarse unos a otros. Para sustento, protección y su continuo desarrollo, buscaron y usaron palabras. Fue el medio básico a través del cual se justificó su existencia. Es por eso que si retrocedemos en el tiempo, nos daremos cuenta de que las personas más pronunciadas que guiaron a otros fueron personas que se destacaron por sus habilidades para hablar. Eran las personas que habían crecido usando palabras y usándolas bien. Entonces, de generaciones pasadas, las palabras han sido importantes, y siempre lo serán. Además, el uso adecuado de las palabras para transmitir a los demás cómo nos sentimos es una habilidad importante sin la cual el mundo permanecería estancado.

En primer lugar, la comunicación verbal es importante para informar a los demás y transmitir ideas de generación en generación. Imagine el tiempo que le llevó a la documentación sobre los eventos de la Primera y Segunda Guerra Mundial, los acontecimientos de la colonización y otros eventos históricos importantes que precedieron a la generación actual. Todo este conocimiento se perdería sin comunicación verbal. Nadie en la generación actual podría adivinar los sucesos de generaciones pasadas si la gente no los hubiera puesto a disposición a través de libros y revistas. Además de los libros, el acto de comunicación verbal oral es muy crucial. Esto es particularmente efectivo para la articulación y la clarificación. Las personas no tienen la oportunidad de aclarar a su audiencia mientras se comunican si lo hacen por escrito, excepto, por supuesto, que otra persona o el mismo escritor revisen o critiquen el libro. La comunicación verbal oral, por lo tanto, le brinda la oportunidad de limpiar las telarañas para su audiencia y también les permite hacer preguntas sobre lo que no entienden. Esto es más directo que cualquier otra forma de comunicación, y es muy importante cuando se trata del papel de informar a otros a través de la comunicación verbal.

Además, la comunicación verbal se usa para corregir un error. Donde las palabras son más fuertes y persuasivas que las acciones, esto se desarrollará. A menudo se usa durante discusiones y debates. A menudo, vemos este uso de la comunicación verbal en los tribunales de justicia donde se puede hacer justicia incluso para los delincuentes endurecidos y para aquellos que han cometido el delito en cuestión. Aunque este es el uso incorrecto de esta forma de comunicación, se acerca mucho a explicar cuán importante puede ser la comunicación verbal. Los argumentos no se ganan a través de gestos o simplemente dando lenguaje de señas, y todos estos constituyen ejemplos de comunicación no verbal. Al ensalzar la comunicación verbal en este sentido, la comunicación no verbal también es clave para el éxito de su comunicación verbal. Esto se debe a su capacidad para ajustar su tono con las palabras que usa, su capacidad para mantener el contacto visual entre su audiencia y sus libros y, por supuesto, su capacidad para moverse uno o dos pasos sin perder el equilibrio o la idea o lo que es comunicarse es clave y ayudará a su audiencia a entenderlo mejor.

La vida social de una especie y el ser completo están determinados en gran medida por lo que comunican y cómo lo comunican. No hay límites para el uso de palabras o para el número de palabras presentes hoy o para el número que evolucionaría en el futuro. Los humanos no permanecen estancados. Está en nuestra naturaleza querer crecer y valerse por nosotros mismos. También nos movemos y, en el proceso, nos comunicamos. Es una parte definida de nuestra vida cotidiana. Por lo tanto, es importante aprender a integrarse en cada situación, mientras se comunica.

Capítulo 3: Comunicación directa e indirecta

Los estilos de comunicación directa e indirecta son dos de los estilos de comunicación más destacados que existen. Un estilo de comunicación se refiere a la forma en que los humanos usan sus diferentes idiomas para comunicarse con los demás.

La comunicación directa es un proceso de comunicación mediante el cual la persona que habla dice exactamente lo que tiene en mente. No hay palabras picantes. Una de las características notables de la comunicación directa es la escucha activa. La parte con la que se habla presta mucha atención a lo que se dice y también brinda retroalimentación cuando es necesario. Debido a que la comunicación directa implica una escucha activa, lo que existe es una especie de tráfico bidireccional entre las dos partes que se comunican.

La esencia de la comunicación directa es transmitir exactamente lo que significa la persona que habla. Como resultado de esto, la persona no ata sus palabras con insinuaciones ni trata de incorporar significados ocultos en lo que se dice. Cuando intenta imaginar la comunicación directa, lo que debe pensar es la expresión "La honestidad es la mejor política". Esto se debe a que el objetivo de la comunicación directa se logra cuando el propósito que el orador tiene en mente, que puede variar desde tener una queja dirigida incluso a simplemente explicar un concepto a una persona, se transmite efectivamente al destinatario.

Una de las ventajas de la comunicación directa es que en realidad ofrece soluciones. Esto significa que, sea lo que sea lo que el orador tiene en mente, se lograría mejor, y el orador estaría mejor atendido, cuando se emplea la comunicación directa. No se utilizan pucheros, gestos ni ningún otro estilo de comunicación indirecta.

Además, la comunicación directa facilita todo el sistema de procesamiento y análisis de la información por parte del destinatario. Cuando se pronuncian las palabras, la persona con la que se habla tiene que recibir la información, luego avanzar para procesar la información recibida para asegurarse de que el mensaje deseado imbuido en las palabras habladas tenga sentido y resulte en el resultado deseado. El trabajo de un receptor se hace mucho más fácil cuando el hablante es franco y directo. Esto significará que las palabras se tomarán al pie de la letra, y cuando se continúe con este tipo de cultura, habrá un sistema mejorado de comunicación y retroalimentación entre las partes.

En la comunicación directa, las oraciones cortas y agudas se emplean principalmente. La expectativa es que el hablante llegue al punto de lo que se dice, y las oraciones cortas son las mejores formas de asegurarse de que ese sea el caso.

El estilo de comunicación que emplea una persona generalmente depende, en gran medida, de los lazos culturales que tiene la persona. Las culturas específicas tienen ciertas normas aceptadas y el modo de comunicación es una de esas normas. Por ejemplo, si una persona se cría en una familia donde los adultos o los modelos a seguir en el hogar reprimen sus sentimientos y no pueden hablar libremente sobre los problemas que tienen, crecerán con esa mentalidad, y no sería raro que encontrar a esta persona que permanece con esta mentalidad incluso para su propia familia o el lugar de trabajo.

Las escuelas y los círculos sociales también contribuyen a la preocupación de una persona sobre cuál es un estilo de comunicación aceptable. Estas dos ubicaciones mencionadas son las áreas principales de socialización para el niño y tienen un gran impacto en el desarrollo del niño, incluido lo que se considera el estilo de comunicación aceptable, ya sea directo o indirecto.

Se hace una distinción, con el propósito de determinar el estilo de comunicación empleado por una persona, entre culturas de bajo contexto y culturas de alto contexto. Las culturas de bajo contexto se refieren a culturas que son diversas. Estas culturas ponen un gran énfasis en el individualismo y el desarrollo independiente del niño. Además, una persona que tiene una socialización primaria como parte de una cultura de bajo contexto típicamente entrará en contacto con muchas personas diversas a medida que crezca. Como resultado de las razones antes mencionadas, las personas que forman parte de una cultura de bajo contexto no suelen entablar una comunicación directa. La comunicación directa, para ellos, es una cuestión de necesidad, ya que se esfuerzan por asegurarse de que todo lo que tienen en mente se revele efectivamente al destinatario. Además, sería difícil para cualquier persona de una cultura diferente apreciar completamente cualquier insinuación o significado oculto cuando una fiesta está hablando. La comunicación directa es la mejor manera de intercambiar mensajes entre personas que no forman parte de la misma cultura.

Por otro lado, las personas que provienen de culturas de alto contexto tienden a participar en la comunicación indirecta. Estos individuos generalmente se encuentran dentro de culturas que tienen algún tipo de homogeneidad. Por lo tanto, la ausencia de diversidad hace que la parte no esté acostumbrada a tratar con aquellos que no comparten los mismos ideales con él. Un ejemplo de una cultura de alto contexto podría ser algunas culturas que se encuentran en África y Asia. A partir de los ejemplos dados, también se puede inferir que, aparte de la homogeneidad que se encuentra dentro de tales culturas, también existe el hecho de que estos grupos suelen promocionar la deferencia y el respeto. La comunicación directa puede considerarse grosera y, por lo tanto, inapropiada. Este tipo de socialización también es llevada por el individuo desde su vida privada a sus comunicaciones sociales e incluso al lugar de trabajo.

En el lugar de trabajo, la comunicación directa debe ser el modo prominente de comunicación. Sin embargo, incluso con este conocimiento, a muchas personas todavía les resulta difícil tener comunicación directa en el lugar de trabajo. La pregunta es entonces: ¿cómo puede hacer uso de la comunicación directa en el lugar de trabajo? En primer lugar, debe comprender que con la comunicación directa, el foco está en la otra parte. Se supone que ambas partes deben enfocarse en comprender las perspectivas del otro. Como ocurre con la comunicación en general, la comunicación directa se habría logrado cuando se hubiera transferido la intención del hablante al receptor. Lo que esto significa es que al entablar una comunicación directa, se supone que debes prestar menos atención a hablar que a asegurarte de que se entiende lo que se dice.

Además, si el propósito de la comunicación es encontrar una solución amigable a un problema, ambas partes también deben hablar sobre el problema. En este punto donde se busca una solución, es irrelevante de quién es la culpa del problema. Particularmente en una situación laboral, se espera que ambas partes suspendan cualquier sesgo que tengan para asegurarse de que se maneja el problema y se da una solución.

Debe tener en cuenta que la comunicación directa no significa que no se debe proporcionar información básica sobre el tema. La comunicación directa implica involucrar al sujeto de frente, pero para que eso sea posible, se debe proporcionar información de antecedentes para que la otra parte pueda obtener una perspectiva sobre el tema. Cuando esto no se hace, la otra parte se pone a la defensiva y esto derrota toda la esencia de la comunicación. De hecho, esto podría incluso agravar la situación más de lo que ya es.

Finalmente, si estás hablando con un compañero y hay algún tipo de desequilibrio de poder entre los dos, entonces debes pisar con más cuidado. La comunicación directa puede venir con un aire de altanería, por lo que debe asegurarse de disipar esto mientras habla con su compañero. Como se indicó anteriormente, toda la esencia de la comunicación ya sea directa o indirecta, es asegurarse de que la información sea recibida y procesada entre ambas partes. Cada vez que crea una condición en la que esto no es posible, está obstaculizando el proceso de comunicación.

Ventajas de la comunicación directa

Posteriormente, haremos un análisis de los estilos de comunicación directa versus indirecta; sin embargo, en este punto, es necesario que discutamos las ventajas de la comunicación directa:

1. Es muy efectivo: si ha estado siguiendo la discusión, una cosa que debe darse cuenta es cuán efectiva es la comunicación directa. La efectividad nunca se puede exagerar porque el mundo tal como lo conocemos

depende de asegurarse de que la comunicación se lleve a cabo bien. Casi no hay ningún segmento de la experiencia humana que funcione sin problemas si faltara alguna forma de comunicación eficiente. Es por eso por lo que la comunicación directa es lo más importante. La comunicación directa es el medio de comunicación más efectivo porque proporciona la mejor manera de aprender lo que una persona tiene que decir. Por supuesto, es posible que las palabras tengan un doble significado y también que las conversaciones, cuando se toman fuera de contexto, difícilmente tengan sentido. Sin embargo, la verdad es que, en comparación con los otros modos de comunicación, la comunicación directa proporcionó la apuesta más segura para la transferencia real de información.

La comunicación directa también proporciona soluciones reales a cualquier problema que surja. Lo que esto significa es que en un entorno donde se busca la solución a cualquier problema, el mejor medio para lograrlo es a través de la comunicación directa. Si su intención es lograr que un empleado siga un determinado camino, o incluso si está tratando de expresar sus quejas a un superior, el medio más efectivo para lograrlo es a través de la comunicación directa.

Además, la comunicación directa asegura que haya comentarios de la persona con la que se habla. Esto ayudará a asegurar que lo que se dice sea entendido por la otra parte y también asegura que se cumpla con lo que se ha discutido. Al tratar de medir la tasa de respuesta, la comunicación directa es el mejor medio para hacerlo.

La comunicación directa también es muy importante, especialmente cuando se compara con las estadísticas que muestran que las palabras habladas contribuyen a menos del 10% de todas las comunicaciones entre humanos.

2. La confianza se crea mejor con la comunicación directa: cuando miras a las personas a los ojos mientras hablas con ellas, esto aumenta el nivel de confianza que la persona que se habla tiene para ti. La evasión (golpear el arbusto) puede dar la impresión de que hay algo que estás tratando de ocultar. Además, cuando desarrolle el hábito de abordar cualquier problema que surja y dejar sus pensamientos claros sobre cualquier tema, las personas a su alrededor sentirán una sensación de previsibilidad, y esto aumentará la verdad que tienen para usted. Si está liderando un grupo de personas, independientemente de lo pequeño que sea el grupo, se dará cuenta de lo importante que es para usted asegurarse de que las personas de su equipo confíen en usted.

3. La comunicación directa puede ser una excelente manera de formar vínculos con las personas: uno de los objetivos que se pueden lograr a través de la comunicación es la creación de una relación con los demás. En este sentido,

la comunicación directa es una de las mejores formas de crear una relación de este tipo. La razón de esto es que en la gran mayoría de los casos, la comunicación directa implica una conversación cara a cara con la otra parte.

La verdad es que a menudo es necesario formar vínculos y crear relaciones con las personas que nos rodean a través de la comunicación. Las relaciones pueden variar desde relaciones románticas a relaciones de compañeros de trabajo en el lugar de trabajo. En cualquiera de estos casos, la comunicación directa lo ayudará a lograrlo. Como ya se señaló anteriormente, la comunicación directa hace que las personas confíen en usted. Cuando eres franco y directo, la gente buscará que evalúes correctamente cualquier problema en cada etapa y esto ayuda a abrir la puerta para la creación de relaciones entre ustedes.

4. La comunicación directa protege la confidencialidad: hay situaciones en las que lo que se está discutiendo es altamente confidencial y se requeriría que las partes discutan el tema sin divulgar el contenido. Siempre que este sea el caso, la comunicación directa es excelente. La comunicación directa asegura que todo lo que se esté discutiendo se mantenga entre las dos personas y no se extienda a un tercero.

Comunicación indirecta

La comunicación indirecta se refiere al proceso por el cual una persona elige "representar" lo que tiene en mente en lugar de expresarse con sus intenciones y pensamientos. En la comunicación indirecta, el hablante confía en su tono de voz, expresiones faciales y gestos para transmitir sus pensamientos. Por lo general, la razón para entablar una comunicación indirecta es salvar la cara, ya sea para la persona que habla o para la otra parte. Además, la comunicación indirecta también podría ser un medio para evitar conflictos y argumentos. Aquí, los oradores dependen en gran medida de las señales no verbales, confiando en que la otra parte podría interpretar lo que se dice (o no se dice) y dar la respuesta adecuada requerida.

La comunicación indirecta es común en las culturas de alto contexto. Como se señaló anteriormente, esto se debe a que estas culturas fomentan entornos donde hay interdependencia entre los individuos. Las personas a menudo aprenden algunas señales sociales que pueden no ser entendidas por personas fuera de ese círculo social en particular. Por lo tanto, podría haber un conocimiento claro de lo que es aceptable o no, lo que está bien o mal, ciertas frases y jerga, etc.

En las culturas donde prevalece la comunicación indirecta, como con los chinos y los japoneses, se considera que ser directo es grosero, especialmente cuando lo que se transmite es información negativa. En este tipo de escenario, la expectativa será que se emplee la evasión para difundir la tensión y mantener la armonía.

La cultura, como se usa arriba, se usa en sentido amplio; sin embargo, también se puede usar para referirse a subculturas como la familia, la iglesia o la comunidad inmediata. Aunque estos grupos más grandes a menudo ejercen cierta influencia en los grupos más pequeños, sin embargo, desarrollan sus propios conjuntos de reglas de lo que es aceptable o no.

Beneficios de la comunicación indirecta

De todo lo que se ha discutido, es casi como si la defensa fuera para que las personas hagan uso de estilos de comunicación directa, en oposición al estilo indirecto. Sin embargo, ¿hay algún beneficio que se pueda lograr hablando indirectamente? O, para ponerlo en la perspectiva adecuada: ¿hay circunstancias en las que sería ideal comunicarse indirectamente? Por supuesto.

En primer lugar, la comunicación indirecta puede ayudarlo a evitar la vergüenza. Además, la comunicación indirecta ayuda a evitar que usted y la otra persona se pongan en una posición incómoda. En comunicación indirecta, el hablante puede hacer ajustes a su contenido. El orador lee las señales del oyente y luego decide el mejor enfoque que puede emplearse para transmitir el mensaje. Por lo tanto, cuando el orador se da cuenta de que algo que pretende decir sería perjudicial o podría no lograr el propósito previsto, podría hacer ajustes rápidamente y de esa manera todos se beneficiarían.

La comunicación indirecta en realidad puede hacerte un buen comunicador. Los oradores indirectos son muy agradables porque toman en cuenta los sentimientos de los demás al hablar y las personas tienden a apreciar eso. Como resultado de esto, las personas pueden estar más dispuestas a comunicarse con hablantes indirectos que los directos.

Además, la comunicación indirecta te presenta algún tipo de club exclusivo. Si eres bueno con la comunicación indirecta, podrás comunicarte efectivamente con los demás. En realidad, es más fácil ser un comunicador directo que aprender a dominarnos para ser discretos y empáticos al hablar; rasgos que se encuentran más en la comunicación indirecta. También estará más equipado para interpretar las señales de otros hablantes indirectos. Incluso cuando una persona no dice nada de manera audible, puede leer las señales no verbales de la persona e interpretar lo que no se dice.

Diferencias entre estilos de comunicación directa e indirecta

Si ha seguido la discusión hasta este punto, definitivamente tendrá una idea de las diferencias que existen entre la comunicación directa e indirecta. Sin embargo, a los fines de énfasis, los señalaré brevemente.

En primer lugar, los oradores directos dicen lo que piensan. Cuando intentan resolver un problema, van directamente a hablar sobre cuál es el problema. Para el orador indirecto, lo más probable es que busque formas de hacer obvio a la otra parte que se ofende sin decirlo abiertamente.

Los oradores directos no temen la confrontación. De hecho, incluso podría argumentarse que, por el método que emplean, en realidad confrontan a la corte. Este punto de vista puede no ser del todo correcto porque cuando un orador directo está hablando, su intención es que el problema se aborde rápidamente, y el objetivo no es ofender a la otra parte. Por otro lado, los hablantes indirectos intentan evitar confrontaciones, por lo que probablemente elegirán una ruta que no genere conflictos.

Los oradores directos solicitan comentarios inmediatos y no dan lugar a ningún tipo de error. En comunicación directa, el orador espera que la otra parte dé su opinión sobre si se ha recibido el mensaje transmitido. Esto se debe a que el objetivo de cada orador directo es resolver la situación lo antes posible. En la comunicación indirecta, más bien, hay espacio para la falta de comunicación porque el hablante indirecto depende en gran medida de las señales no verbales. La persona con la que se habla puede no interpretar las señales no verbales correctamente y puede perder toda la esencia de lo que se dice.

Finalmente, los oradores directos a menudo resuelven el problema más rápido que los oradores indirectos. Cuando tiene un problema que necesita resolver lo más rápido posible, su mejor opción debe ser la comunicación directa. Es por esta razón que generalmente se aconseja que en el lugar de trabajo lo que se debe emplear es la comunicación directa. Esto es especialmente cierto si se pone énfasis en lograr resultados y no necesariamente en construir una relación estable entre el hablante y el oyente. Un orador directo sacrificará la posibilidad de mantener la paz si se realiza el trabajo, incluso si se desarrolla cierta frialdad entre ambas partes.

Por otro lado, la comunicación indirecta es ineficaz cuando se intenta resolver problemas. En primer lugar, es posible que el oyente ni siquiera se dé cuenta del alcance total de lo que se está discutiendo debido al hecho de que el hablante indirecto no va directo al grano. Además, el orador indirecto a menudo se retira cuando la discusión se calienta y las emociones se agitan. Al final, el problema no se resuelve por completo.

Capítulo 4: Consejos para una comunicación directa y efectiva

Ahora que hemos discutido qué es la comunicación directa y los beneficios de utilizarla en las relaciones cotidianas, el siguiente paso será explicar cómo uno puede mejorar sus habilidades de comunicación directa. Esto se debe a que, no importa cuán bien conozca los beneficios de la comunicación directa, nunca podrá experimentarlos a menos que esté aplicando los principios de manera efectiva. A continuación encontrará algunos consejos que serán útiles para mejorar su comunicación directa.

Aprende a estar en desacuerdo sin provocar conflictos. Es casi imposible para los humanos existir si no existieran conflictos de una forma u otra. Además, debido a las diferencias en la idiosincrasia y la percepción, puede ser difícil evitar conflictos cuando se conversa con otros. Más aún, la comunicación directa puede parecer confrontativa, especialmente cuando es empleada por una persona que no tiene la capacidad de manejar el conflicto de manera efectiva. Por lo tanto, como se puede ver en lo anterior, existe una gran posibilidad de que pueda entrar en conflicto con la otra parte mientras se comunica directamente con ellos. La clave aquí entonces es buscar formas de minimizar las posibilidades de que surja un conflicto, o incluso cuando surjan, buscando formas efectivas de abordar el conflicto sin perder la esencia de lo que se dice.

El primer medio para evitar / manejar conflictos mientras se realiza una comunicación directa es hacer una pausa. Antes de ir directamente a decirle algo a otra persona, debe hacer una pausa y asegurarse de tener una perspectiva adecuada sobre el tema en cuestión. Después de esto, también debe asegurarse de comprender completamente la situación. Difícilmente tendrá sentido si te mueves directamente a hablar directamente con una persona si no entiendes el alcance total de lo que está sucediendo, incluso en los casos en que la comunicación directa es una conversación, también debes asegurarte de que prestando atención a la otra parte. Como se indicó anteriormente, la comunicación directa se realiza predominantemente cara a cara, y esto significa que estará físicamente presente con la persona con la que está conversando directamente. Por lo tanto, para ser un orador eficaz y para asegurarse de que no surjan conflictos, debe asegurarse de que comprende completamente a la otra parte.

Tienes que aprender a redirigir la conversación en cualquier momento cuando notes que las emociones se están intensificando. Redirigir es una habilidad que debes aprender a ser un buen comunicador. Debería aprender a disipar la tensión cambiando el tema de discusión. La idea es facilitar la transición y no hacer obvio que hubo algo de tensión como resultado de lo que se está discutiendo.

Desarrolle el hábito de hacer preguntas. Muchos de los conflictos que surgen de la comunicación directa se derivan del hecho de que el hablante no suele brindar a la otra parte oportunidades para aclarar ciertas cosas. Los oradores directos a menudo van directamente a cuál es el problema percibido, incluso cuando es posible que no tengan la imagen completa. Debes asegurarte de que ese no sea tu caso. Siempre haz preguntas. Siempre dé espacio a la otra parte para dar explicaciones y, si es necesario, haga las paces. El problema no está en el hecho de que serás franco y directo, sino asegúrate de hacerlo después de que la persona haya terminado de dar las respuestas a tu pregunta. Las explicaciones le darán una mejor comprensión de cuál es el problema y podrá canalizar su ira directamente a las personas adecuadas.

Finalmente, siempre esté listo para dejarlo ir. En primer lugar, es posible que ni siquiera surjan muchos problemas si está dispuesto a dejarlo ir en ciertas situaciones. Antes de entrometerse y decir lo que quiera decir, siempre pregúntese si sería mejor dejar ir el asunto. Si será mejor dejar ir, entonces hazlo.

Capítulo 5: Cómo combinar estilos de comunicación directa e indirecta

Los expertos han revelado que uno de los mayores problemas que tiene la gente es la capacidad de fusionar los estilos de comunicación directa e indirecta. Esto es especialmente así cuando las partes que se comunican son de dos culturas diferentes y están acostumbradas a expectativas diferentes. Por ejemplo, en países como Estados Unidos, Australia, Alemania y similares, se hace hincapié en ir directo al grano y ser sincero con lo que se dice. En estas culturas, sería confuso si la persona que habla es indirecta. Es posible que no comprendan el alcance completo de lo que se dice porque no podrán interpretar las señales enviadas por la otra parte.

Por otro lado, en el estilo de comunicación indirecta, los oradores a menudo eligen la ruta que es menos probable que cause conflictos entre las dos partes. Si bien ser directo se considera respetuoso en los países mencionados anteriormente, en países asiáticos como China, ser indirecto se considera el sello distintivo del respeto. Entonces, cuando un individuo se encuentra en un lugar donde hay una mezcla de personas de las dos culturas diferentes, ¿cómo navega por el espacio sin ser ofensivo en su comunicación? La clave está en fusionar los estilos de comunicación directa e indirecta. Los siguientes consejos se pueden utilizar para asegurarse de que disfrute de una navegación suave mientras lo hace:

- Reconozca primero que no hay una forma correcta o incorrecta de comunicarse. El hecho de que el estilo de comunicación al que estás acostumbrado sea diferente del que emplea la otra persona no hace que el tuyo sea superior o viceversa. Solo tiene que hacer las paces con el hecho de que existen diferencias y que no debe obstaculizar su relación con la otra parte.

- También debe admitir que puede tomar mucho más trabajo comunicarse efectivamente con la persona. De todos modos, no es imposible. Cuando reconozca la cantidad de trabajo que tiene que hacer, estará mejor equipado para manejar la tarea de frente. Por supuesto, se asegurará de que el nivel de frustración que encuentre durante todo el proceso también se reduzca.

- Tiene que darse cuenta de que puede tener sesgos. Por ejemplo, los comunicadores directos pueden pensar que los comunicadores indirectos son evasivos y deshonestos. Los comunicadores indirectos, por otro lado, pueden pensar que los comunicadores directos son groseros y sin empatía. Debe reconocer que puede tener sesgos, y también debe asegurarse de dejar de lado esos sesgos. Por lo general, son parciales porque no son ciertas. Por ejemplo, lo que el comunicador indirecto puede considerar grosero puede ser que el individuo sea franco y directo, y lo que el comunicador directo considera evasivo podría ser que el individuo estaba tratando de ser respetuoso. Debes reconocer que es posible que ya tengas algún sesgo y que debes trabajar en ellos.

- Finalmente, necesitas empatizar con la otra parte. Tienes que ponerte en el lugar de la otra persona. Esto lo ayudará a comprender por qué lo más probable es que respondan de cierta manera y también lo ayudará a ser más flexible. También debe asegurarse de prestar atención a cómo los demás pueden elegir mostrar respeto y cómo eso puede diferir de lo que sabe. El respeto es un concepto universal que se valora en todas las culturas; el problema surge cuando no entiendes cómo una fiesta elige mostrar la suya.

En su espacio de trabajo, también debe tener mucho cuidado con el estilo de comunicación que elija. Por ejemplo, puede ser mejor emplear un estilo de comunicación indirecta que uno directo. Esto se debe a que se puede dar prioridad a la armonía en el lugar de trabajo sobre los comentarios contundentes, a pesar de que el último puede producir más resultados. También será muy importante que prestes atención a las señales no verbales.

Además, si eres un orador indirecto, debes darte cuenta de que las señales no verbales que das pueden no interpretarse de la manera que esperas que sean. También debe comprender que la otra parte probablemente apreciará su honestidad, y esto se valorará más que el respeto.

Capítulo 6: Comunicación no verbal

La comunicación no verbal involucra todos los procesos de envío y recepción de mensajes sin el uso de palabras escritas o habladas. La comunicación no verbal es el más popular de los diferentes tipos de comunicación que existen. Está altamente impregnado de informalidad, y es posible que lo esté empleando sin siquiera saberlo. Por ejemplo, una vez que entras en una habitación, envías señales de inmediato a todos los que te rodean, y las señales se implantarán en la mente de los demás y comunicarán algo, ya sea positivo o negativo, sobre ti.

El psiquiatra, Jurgen Ruesch, introdujo la comunicación no verbal en el uso convencional en el libro ***Comunicación no verbal: notas sobre la percepción visual de las relaciones humanas***, de la que fue coautor con Weldon Kees. A partir de ese momento, la comunicación no verbal se ha aceptado como un aspecto muy importante de las interacciones humanas. Se ha dicho que más de la mitad de todas las comunicaciones activas entre individuos son no verbales. Esto nos recuerda el enorme impacto que tiene la comunicación no verbal en la vida de todos los que nos rodean. La comunicación no verbal es muy importante en el mundo de hoy (la importancia y el lugar de la comunicación no verbal se discutirán mejor más adelante). Sin embargo, todavía tiene el potencial de ser malinterpretado, como dónde se pierde lo que se dice y un significado diferente. es obtenido.

Importancia de la comunicación no verbal

Saber qué decir es solo la mitad del trabajo. La verdadera tarea es decirlo de manera efectiva y lograr los resultados deseados. En este sentido, la comunicación no verbal es excelente para lograr lo último. Se asegura de que no solo tenga algo tangible que decir, sino que lo que se dice sea coherente y que la otra parte lo entienda claramente. Estas son algunas de las razones por las cuales la comunicación no verbal es importante:

1. La comunicación no verbal es excelente para revelar el estado emocional de una persona: la comunicación verbal puede no ser efectiva para transmitir a los demás cómo te sientes acerca de algo o qué tan profundamente algo te afecta. Sin embargo, esto podría transmitirse de manera experta con el uso de la comunicación no verbal. Podrá mostrarle a la otra parte cómo se siente mediante el uso de expresiones faciales, gestos con las manos, etc. Más importante aún, ayuda a proporcionar comentarios a la otra parte. Incluso mientras está involucrado en la comunicación verbal, las señales no verbales podrían ser el medio de informar a la otra parte que está escuchando o que no está escuchando lo que dicen. Por ejemplo, cuando se le habla, una sonrisa podría ser una forma de

decirle a la otra parte que los está escuchando. Además, cuando sacude la cabeza vigorosamente, puede alertar a la otra persona sobre el hecho de que no está de acuerdo con ellos y, por lo tanto, le dará la oportunidad de aclarar.

2. La comunicación no verbal es muy honesta: las personas no tienen un control consciente de su comunicación no verbal como lo hacen para su comunicación verbal. Lo que esto significa es que alguien podría estar diciendo una cosa verbalmente y significar algo completamente diferente en función de su reacción facial, gestos con las manos o postura corporal. Es por eso por lo que a menudo es aconsejable seguir las señales no verbales dadas por una persona sobre cualquier cosa que esté diciendo verbalmente.

Los gobiernos de todo el mundo invierten mucho dinero en estudios que tratan de clasificar a las personas según las señales no verbales que emiten. Estos estudios son especialmente útiles cuando se trata de detectar criminales o perfilar a terroristas. La comunicación no verbal ayuda a los agentes de seguridad a determinar posibles terroristas en función de las señales recibidas de ellos. En las situaciones en las que este tipo de perfiles son exitosos, ayudan en gran medida a evitar desastres.

3. La comunicación no verbal facilita la comprensión del mensaje: la comunicación no verbal es universal y puede ser interpretada por personas independientemente de su

procedencia. Esto es diferente a la comunicación verbal, que solo puede tener éxito en lugares donde existe cierta uniformidad en el lenguaje. Cuando se emplea la comunicación no verbal, es más fácil para el oyente entender e interpretar el mensaje. El intervalo entre el mensaje y la recepción también es muy pequeño en comparación con la comunicación verbal. Notar e interpretar la comunicación no verbal le da una ventaja sobre la otra parte.

4. La comunicación no verbal es excelente para establecer relaciones humanas: como se mencionó anteriormente, los individuos pueden no ser completamente honestos con lo que digan. Sin embargo, rara vez es posible ocultar sus verdaderas intenciones cuando participa en una comunicación no verbal. La comunicación no verbal ayuda a generar confianza entre el hablante y el oyente. Cuando lo que se dice verbalmente coincide con las señales no verbales emitidas por el hablante, se crea una cultura de confianza entre ambas partes.

Cada año se llevan a cabo investigaciones para determinar el impacto de la comunicación no verbal en las relaciones humanas y, a partir de lo que se ha encontrado, se ha establecido que comunicamos hasta el 93 por ciento de nuestras creencias e ideales mediante el uso de la comunicación no verbal.

5. La comunicación no verbal es importante para revelar la personalidad de una persona: la personalidad es como el agregado total de una persona. Abarca todas las fases de un ser humano, incluidos los estados mentales, físicos y emocionales. La personalidad abarca todos los signos del estado psicológico de una persona y, por lo tanto, puede ser muy útil para revelar si una persona está feliz o triste, deprimida, enojada o retraída. Todos estos son rasgos que solo pueden revelarse a través de la comunicación no verbal. Entonces, incluso cuando no podamos distinguir claramente el estado mental de una persona, podemos hacer cálculos informados basados en cómo la persona se ha estado comunicando con nosotros.

A partir de esto, se puede ver que la comunicación no verbal también puede ayudar a aumentar la eficiencia en el lugar de trabajo. Puede ser muy útil en las sesiones de entrevista. Puede revelar al entrevistador si es confiado, audaz, capaz, etc. simplemente por las señales no verbales que emite. Es muy importante aprender a utilizar muy bien la comunicación no verbal para asegurarse de que la calidad de su trabajo no se vea afectada como resultado de eso.

6. La comunicación no verbal es muy útil también para las personas con discapacidad que pueden no ser capaces de hacer uso efectivo de la comunicación verbal. De hecho, en algunos casos, como cuando una persona sufre una discapacidad del habla, la comunicación no verbal puede

ser el único medio a través del cual pueden comunicarse. También es muy importante para los analfabetos. Aunque nos esforzamos constantemente por erradicar el analfabetismo en el mundo actual, todavía hay una gran parte de la población humana que no sabe leer ni escribir. Sería difícil comunicarse con personas que pertenecen a esta clase si la persona no puede hacer uso de las habilidades de comunicación no verbal.

No hay que poner demasiado énfasis en el lugar que tiene la comunicación no verbal en nuestro mundo de hoy. Dada la naturaleza de nuestra sociedad actual y el paisaje en constante cambio en el que nos encontramos, es necesario tener una comprensión firme de los matices y las sugerencias sutiles que las personas dan. En el mundo corporativo, por ejemplo, algo tan trivial como cómo se da un apretón de manos podría ser determinante de cómo se verá al individuo. Además, ciertas culturas acatan ciertas reglas. Las culturas occidentales aprecian la franqueza y esperan que una persona mantenga contacto visual durante las conversaciones. Sin embargo, esto no es lo mismo con ciertas culturas como la japonesa. Si su empresa necesita interactuar con personas de diversas culturas, entonces debe aprender a adaptarse en cada situación.

Desventajas de la comunicación no verbal

Como se mencionó anteriormente, uno de los inconvenientes de la comunicación no verbal es la incapacidad de comprender lo que se habla. Esta es solo una de las numerosas desventajas que podrían existir con el uso de la comunicación no verbal. Los otros son:

1. No funciona para todos: no importa cuán efectiva se considere la comunicación no verbal, hay personas que aún se sentirán cómodas con la comunicación verbal, y para estas personas, la comunicación no verbal simplemente no será suficiente. Además, puede no ser ideal en todos los entornos. Por ejemplo, en ciertos entornos formales, las expectativas serían que un hablante dijera verbalmente qué es exactamente lo que quiere decir. En ese tipo de situaciones, la comunicación no verbal puede no ser ideal.

2. La comunicación no verbal es imprecisa: se pueden atribuir muchos significados a un gesto simple como una onda. Además, dado el contexto en el que se hace, una sonrisa podría provocar felicidad, temor o repulsión de la otra parte. No hay una forma científica de determinar qué se entiende por una persona que hace uso de la comunicación no verbal. Por lo tanto, podría llevar a una confusión extrema si el oyente no puede estar seguro de lo que el hablante quiso decir con una acción que realizó.

Además, puede ser imposible detener la comunicación no verbal. Con la comunicación verbal, el hablante solo necesita dejar de hablar o escribir para que la comunicación llegue a su fin. Sin embargo, con la comunicación no verbal, la conversación puede continuar mientras el hablante haya dejado de hablar.

Además, es posible saber cuándo ha cambiado el tema de la comunicación verbal. Cuando el hablante se mueve de un punto a otro, el oyente puede decir. Sin embargo, esto no es lo mismo que la comunicación no verbal. Con la comunicación no verbal, el oyente no se dará cuenta cuando el tema haya cambiado o cuando el orador tenga la intención de decir algo diferente de lo que había estado diciendo antes.

3. Se utilizan canales múltiples durante la comunicación no verbal, y puede perderse tratando de mantenerse al día: en la comunicación no verbal típica, el hablante puede comunicarse con diferentes partes de su cuerpo al mismo tiempo. Podrían estar sonriendo y, al mismo tiempo, gesticulando con las manos. Si una persona se enfoca solo en uno de estos a la vez, es posible que se pierda lo que se dice de todas las otras fuentes. Esto no es lo mismo con la comunicación verbal en la que solo se utiliza un canal de comunicación. En la comunicación no verbal, existe la ausencia de explicaciones que pueden ser realmente necesarias para la comprensión adecuada de lo que se dice.

Tipos de comunicación no verbal

1. **Miradas**: La forma en que una persona mira a una persona o una cosa puede transmitir mucho sobre ellas. Por supuesto, hay ciertos casos en que una persona puede mirar a otra y se consideraría ofensivo. En algunos casos, mantener el contacto visual puede tomarse como un signo de honestidad. Por lo tanto, una persona que no puede mirar a los ojos de la persona con la que está hablando se considera poco sincera. Además, la investigación ha revelado que cuando las personas ven lo que les gusta, hay un aumento en su parpadeo.

2. **Hápticos**: Es el estudio científico del tacto y es una de las técnicas de comunicación no verbal más importantes. Los estudios han revelado que la cantidad de contacto que recibe una persona cuando es niño puede determinar qué tan bien resultará en el futuro. En la misma línea, las personas que no experimentan un contacto positivo, incluso como adultos, tienen más problemas de salud mental y física que los demás. Abrazos, besos, abrazos, etc., son algunas de las formas en que el tacto se puede utilizar como vehículo para comunicar diferentes sentimientos de una parte a la otra. La cantidad de contacto que se le permite a una persona con los demás generalmente está determinada por lo que es socialmente aceptable en ese clima. En la mayoría de las culturas, las

mujeres son menos reacias a tocarse en situaciones sociales.

3. **Apariencia**: Desde nuestra elección de ropa, el tipo de lápiz labial que nos ponemos y nuestro peinado, todo esto podría comunicar mucho sobre nosotros a la otra parte. Hay evidencia que muestra que los diferentes colores evocan diferentes reacciones y también que las percepciones de las personas pueden verse muy influenciadas por la apariencia de una persona.

4. **Ambiente/Entorno**: El estado del entorno inmediato de una persona puede comunicar mucho sobre ellos a otros. Por ejemplo, el estado de su automóvil o su casa podría decir mucho sobre usted a una persona que se encuentre con usted por primera vez. Es por esta razón que las empresas tienen mucho cuidado para personalizar sus oficinas correctamente. Las aulas generalmente se pintan en colores opacos porque se considera que tienen un efecto calmante adecuado para el aprendizaje. Del mismo modo, los hoteles y restaurantes pintan sus ubicaciones con colores brillantes para dar una sensación de bienvenida.

5. **Lenguaje corporal y postura**: Puede que no lo sepas, pero probablemente estés diciendo mucho simplemente por la forma en que estás sentado y la postura con la que caminas. Se han realizado toneladas de investigaciones

sobre cómo una persona puede comunicarse con su lenguaje corporal y su postura. El más popular de ellos es cómo los gestos defensivos, como doblar los brazos, pueden tener efectos profundos en los demás.

6. **Silencio**: El silencio puede ser una comunicación no verbal muy poderosa. En esta situación, la fiesta dice lo que quieran sin decir nada. En un momento u otro, todos experimentan el tratamiento silencioso. Cuando estamos en el extremo receptor del tratamiento silencioso, sabemos que la persona está tratando de decirnos algo aunque no esté diciendo nada. El silencio te dice que la otra persona no está dispuesta a entablar una conversación contigo. Cuando transmite esa idea, ahora le queda a usted preguntar por qué este es el caso y también buscar formas de corregirlo.

El silencio también podría usarse para regular la conversación. Podría señalar el final de una conversación y el comienzo de otra. Por supuesto, hay una diferencia entre el silencio cómodo y el incómodo. Además, cuando el silencio es hostil, también será obvio para la otra parte. La idea es esta: el silencio le envía un mensaje sobre la posición de la otra parte. Cualquiera que sea el mensaje, lo prepara para tomar las acciones necesarias para lograr los resultados que desea.

Técnicas para mejorar su comunicación no verbal

Ahora que comprendemos qué es la comunicación no verbal y los diversos tipos que existen, el siguiente paso es aprender a maximizarla para que pueda transmitir su mensaje con precisión. Anteriormente señalé que una de las trampas de la comunicación no verbal es el hecho de que los mensajes y las señales pueden perderse mientras se transmiten a la otra persona. Por lo tanto, los puntos que discutiré a continuación se asegurarán de que transmita los mensajes que desea transmitir adecuadamente. Aquí vamos:

1. Regula el tono de tu voz:

Siempre que esté hablando, debe estar atento para asegurarse de que el tono de su voz transmita exactamente lo que quiere decir. El tono de su voz debe subir y bajar para demostrar énfasis o para mostrar el nivel de entusiasmo que tiene por ese tema en particular.

Si usted es el oyente, también debe prestar atención al tono de voz de la persona que habla. Podría ser una indicación de que estás aburrido o de que hay algo que te están ocultando.

2. Mantener el contacto visual:

Mantener el contacto visual podría ser un indicador de honestidad y confianza. Por lo general, en los países occidentales, se espera que mantenga contacto visual con la persona con la que está conversando. Mientras habla, asegúrese de que haya contacto visual regular con la persona con la que está hablando.

Además, mantener el contacto visual cuando se le habla puede indicarle a la otra parte que está interesado en lo que se dice. Cuando sus ojos deambulan por todo el lugar, da la impresión de que no le interesa lo que se dice y podría incomodar a la otra parte. Sin embargo, debe aprender a moderar su contacto visual. Asegúrese de que, en un intento por mantener el contacto visual, no comience a mirar a la persona y cause molestias.

3. Ten en cuenta tu postura:

La postura que mantienes mientras hablas con alguien es muy importante. Por ejemplo, en una reunión formal, sería inapropiado balancear las piernas de un lado a otro o tamborilear con las manos sobre la mesa; podría dar la impresión de que eres impaciente y quieres irte. No te encorves; Esto podría indicar desinterés. Además, mientras entra a una habitación, mantenga la columna recta y la cabeza mirando hacia adelante.

Otra cosa que debe aprender es evitar la inquietud. La inquietud puede distraer al orador de lo que está diciendo, por lo que debe asegurarse de no hacerlo.

4. Presta atención al contexto:

El contexto lo es todo. Muchas veces, la comunicación no verbal será incompleta si no se coloca correctamente dentro del contexto de la conversación que tuvo lugar. Debe asegurarse antes de dar importancia a cualquier señal no verbal que entienda el contexto. Esto le ayudará a no leer mal o malinterpretar lo que se dice.

También debe prestar atención a si el entorno es formal o no. Esto es particularmente para cuando usted es el que hace uso de la señal no verbal. Será necesario que use la señal no verbal apropiada para ese tipo de situación. Por ejemplo, difícilmente tendría sentido que agites los brazos esporádicamente en una reunión formal.

5. Dale a la otra parte algo de espacio.

Parte de ser un excelente comunicador es comprender que debe haber un espacio apropiado entre el hablante y el oyente. Las diferentes culturas determinan lo que es apropiado en una situación dada, y debe asegurarse de notar cuando la otra parte se siente incómoda para retirarse. La esencia de lo que está diciendo se perderá si la otra parte no puede procesar la información debido a problemas de espacio personal.

6. Practica: Esto es bastante simple. Para que puedas dominar cualquier cosa, tienes que practicar. Después de todo lo que se ha discutido, debe notar las áreas que necesita mejorar y trabajar para mejorar esas áreas. Puede llevar mucho tiempo, pero si te lo propones, eventualmente te acostumbrarás a comunicarte de manera efectiva con señales no verbales.

Capítulo 7: Cómo el aprendizaje de una comunicación verbal y no verbal eficaz puede mejorar sus habilidades de influencia y persuasión

Hemos discutido qué es la comunicación verbal y no verbal y cómo son importantes en la comunicación cotidiana. Avanzaremos un paso más para analizar cómo el uso efectivo de los dos medios de comunicación puede mejorar sus habilidades persuasivas.

En algunos casos, la comunicación trasciende solo el suministro de información y llega al punto en el que el objetivo es lograr que la otra parte acepte su propia opinión sobre cualquier cosa. Entonces, ¿por qué es necesario dominar los dos tipos de comunicación para aumentar sus habilidades persuasivas?

En primer lugar, cuando hay una desconexión entre las señales verbales y no verbales, al oyente le resultará difícil confiar en usted. Cuando lo que dices no se correlaciona con las señales no verbales que estás proyectando, el oyente podrá darse cuenta, y cuando lo hagan, pensarán que eres deshonesto. Esto es particularmente importante porque la confianza es la piedra angular de la persuasión. No puedes convencer a nadie si primero no has logrado que confíen en ti. Por lo tanto, el dominio de las dos habilidades influye en su capacidad para generar confianza.

Además, cuando las personas tienen dudas sobre lo que está diciendo, lo no verbal será el medio para validar o disipar sus dudas. Esto, por ejemplo, está tratando de vender un producto a alguien, y la persona tiene ideas preconcebidas sobre dicho producto y está tratando de decidir si confiar en usted o no, más allá de lo que se dice, las señales no verbales convencer a la persona o no.

Además, un control firme de las técnicas que se emplearán en la comunicación verbal ayudará a aumentar sus habilidades persuasivas. Todo gran vendedor es un gran comunicador verbal. Saben exactamente las palabras correctas que deben usarse en ciertos momentos para dirigir la conversación hacia otra dirección y también cómo utilizar las señales no verbales para convencer a la otra parte. Debes saber que el arma más grande en tu arsenal son las palabras, y si es así, ¿no tendría sentido pulirlas a menudo?

Finalmente, los humanos son criaturas inherentemente emocionales. Tomamos decisiones basadas en nuestras emociones incluso antes de ser racionales con respecto a ellas. Por lo tanto, la mejor manera de convencer a alguien es tirar de sus emociones. Grandes señales verbales y no verbales lo ayudarán a lograr esto. Las excelentes habilidades verbales asegurarán que diga lo que debe decirse, y las habilidades no verbales asegurarán que respalde las palabras con los gestos y signos apropiados para lograr los mejores resultados.

Capítulo 8: Tipos de comunicación no verbal

Desde tiempos inmemoriales, las personas se han estado comunicando sin usar palabras o palabras escritas. En nuestro mundo de hoy, hay demasiadas formas por las cuales las personas se comunican sin usar palabras. En nuestras actividades cotidianas o incluso en cualquier lugar que nos relacionemos con las personas, ya sea en nuestros lugares de trabajo, escuela, mercado y otros, podemos determinar los sentimientos de las personas por sus gestos sin que nos digan nada. Estos medios de comunicación no verbal ayudan a leer o comprender las actividades, situaciones y personas de cualquier entorno. Los tipos de comunicación no verbal se enumeran a continuación.

1. Comunicación cinética no verbal.

2. Comunicación háptica no verbal.

3. Apariencia personal.

4. Vocales y paralenguaje.

5. Distancia o proxemics.

6. Silencio

Comunicación no verbal cinética

Cinética es una de las formas más comunes de comunicación no verbal utilizada por muchas personas. Es un tipo de comunicación no verbal que implica el uso de gestos, postura y movimiento de la cabeza, expresiones faciales, contactos oculares y otros movimientos corporales. El gesto puede definirse como un movimiento de las extremidades o el cuerpo, especialmente uno hecho para enfatizar el habla o la expresión. Los movimientos o movimientos pueden consistir en agitar las manos para indicar "adiós" o incluso "hola", indicando a alguien o personas que "vengan" estirando las manos y haciendo que las puntas de los dedos toquen la palma al mismo tiempo, manteniendo el primer dedo en los labios para indicar "no hablar". De la misma manera, puede usar sus manos para indicar las formas y tamaños de los objetos; Si es pequeño o grande, el espacio entre sus manos y, a veces, las formas que mantiene son suficientes para indicar el volumen de dicho objeto. El gesto de la mano también se puede usar para describir la altura de una persona, un objeto o incluso un animal. Si la altura es alta, media, pequeña, baja; Mantenemos nuestra mano o manos al nivel que describirá la altura estimada de qué o quién está involucrado. Cuando ingresa a un salón de clases o en cualquier lugar donde se lleva a cabo el aprendizaje, y ve a un maestro enseñando, los gestos que emplea el maestro ayudan en gran medida a determinar el nivel de atención que el maestro recibirá de los alumnos. Un maestro que está parado en un lugar particular con las manos al lado, rígido y de pie en la atención, difícilmente recibirá buena atención de los alumnos. Por el contrario, un maestro que enseña y hace gestos que se adaptan a lo que se enseña, no tendrá dificultades para obtener la debida atención de los alumnos. Los gestos, especialmente los realizados a mano, son utilizados principalmente por oradores públicos influyentes, ya que han dominado el arte de usarlo. Cuando se usa correctamente, mejora el aprendizaje, entretiene a las personas y llama la atención hacia usted. Los gestos con las manos se usan con frecuencia para enfatizar, reforzar ciertos puntos, hacer una especie de persuasión, ya que tiene que ver con casi todo lo relacionado con la sensibilidad. El uso de gestos también muestra el nivel de confianza. Cuando estás hablando con alguien o un grupo de personas, y tus manos están temblorosas, eso demuestra que no estás seguro de lo que estás diciendo o que eres tímido. En otro caso, cuando se está comunicando y su uso del gesto de la mano es de primera categoría, la gente lo escuchará y será más probable que se adhiera a la información que está tratando de transmitir. Es digno de mención decir que las personas están más interesadas en su despliegue de gestos que en las palabras que salen de su boca.

¿Se pregunta por qué? Es porque puede que no le resulte difícil fabricar todo tipo de mentiras y decirlas, pero sus gestos pueden ser el alfiler que lo hará estallar como un globo. Este gesto es una copia de seguridad de su discurso; en el sentido de que tiene su propia forma de comunicación, incluso cuando está haciendo lo mismo oralmente. Los gestos son muy necesarios para la comunicación porque incluso las personas con dificultades para hablar confían en él para comunicarse con las personas incluso hasta el punto de involucrarse en negocios. Usan sus manos para hacer ciertos movimientos o signos, que expresan sus pensamientos.

Cuando se habla de gestos, el lenguaje de señas americano viene fácilmente a la mente. Se expresa mediante movimientos de manos y cara, y sirve como medio de envío y recepción de mensajes para sordos, mudos, con problemas de audición y también para algunas personas que escuchan y hablan muy bien, especialmente en lugares donde existe la necesidad de mantener silencio.

Postura y movimiento de la cabeza como forma de cinética. Cuando le haces a alguien una pregunta de "sí o no", y la persona niega con la cabeza, ¿qué te viene a la mente? Cuando la persona responde con un movimiento de cabeza, ¿qué le dice acerca de la pregunta que le hicieron? Desde tiempos inmemoriales, las personas de diferentes culturas, razas y tradiciones han aceptado cabeceo de la cabeza como una forma de acuerdo con lo que sea que el hablante está hablando; por el contrario, sacudir la cabeza también es una forma de señalar "no" a cualquier problema en cuestión. Antes de que un niño comience a hablar, primero intentará asentir y sacudir la cabeza para transmitir pensamientos y sentimientos. Es importante tener en cuenta que este es un rasgo innato en todo ser humano cuerdo. Cuando estás hablando con alguien, y la persona ajusta su cabeza hacia ti, ¿qué significa eso? Muestra interés; la persona está interesada en lo que dices.

Pero si lo opuesto es a lo que te enfrentas, y la persona inclina la cabeza hacia atrás, es una señal de falta de interés, es una muestra de indiferencia. Nuevamente, inclinar la cabeza cuando no tiene la intención de saludar, a veces significa cansancio, aburrimiento, tristeza y otros sentimientos relacionados con eso. Usar la mano o las manos para sostener la mandíbula muestra que la persona está teniendo pensamientos profundos, débil, triste y perdida en acción. Además del uso de gestos, las expresiones faciales también son otro método común de comunicación no verbal. En realidad, cada vez que conversamos con las personas, es más probable que observemos la expresión de sus caras. Las expresiones faciales transmiten el estado emocional de un individuo a los observadores. Mientras conversamos con ellos, las palabras que no expresamos se transmiten a través de nuestras expresiones faciales.

Esto también tiene que ver con si te sientes cómodo con la discusión actual, la situación o si no te sientes cómodo en absoluto, por lo que debes dejar de hacerlo. El nivel de confianza que tiene para la persona con la que está conversando se puede detectar a través de las expresiones faciales que realiza. Una sonrisa en tu rostro es un buen indicador que muestra que eres feliz mientras hay un ceño fruncido para mostrar tristeza, desaprobación o incluso preocupación. Estas expresiones faciales revelan cualquier forma en que nos estamos sintiendo, en el sentido de que con solo mirar la cara a veces, uno puede decir fácilmente si la expresión es la felicidad o lo contrario, la tristeza.

Otros sentimientos que se pueden deducir usando este método incluyen éxtasis, alegría, amor, admiración, miedo, sorpresa, desaprobación, dolor, disgusto, aburrimiento, interés, ira, vigilancia, desprecio, confusión y otros. El concepto de expresión facial es universal, se aplica a todas las culturas, razas o tradiciones en el sentido de que una sonrisa es una sonrisa y es un sentimiento de felicidad y satisfacción, ya sea en Angola o en Zimbabwe; lo mismo se aplica a un ceño fruncido.

Las expresiones faciales se pueden mostrar moviendo la boca (ancha, cerrada o abierta), la nariz (relajada o arrugada), los párpados (hacia abajo o hacia arriba), la frente (hacia arriba o hacia abajo) y las mejillas (hacia atrás o hacia arriba).

¿Sabes que el nivel de tu inteligencia se puede juzgar en función de tus expresiones faciales? La investigación ha demostrado que las personas que generalmente sonríen tienen más confianza que sus contrapartes que apenas hacen lo mismo. Al igual que la cara es el índice de la mente, los ojos son las ventanas del alma. Tienen una alta propensión a revelar el estado de la mente. ¿Sabes que ver las imágenes de alguien que encuentras atractivo puede provocar una respuesta no verbal de dilatación ocular?

Esto se debe a que la oxitocina y la dopamina van a tu cerebro cuando te atraen románticamente a alguien; La oleada hace que los ojos se dilaten. En respuesta a algunos sentimientos psicológicos como la sorpresa, la atracción o el miedo, los alumnos se dilatan. Es muy bueno notar el movimiento y las señales oculares de alguien cuando está conversando; debe tratar de concentrarse en el tamaño de la pupila de la persona, si está dilatada o no, si la persona está haciendo contacto visual directo, mirando a otro lado, mirando al suelo, parpadeando demasiado rápido y otras cosas que pueden indicar qué tan interesado están en lo que está pasando.

Las personas muestran interés en una conversación si lo están mirando directamente a los ojos. Además de esto, cuando se toman demasiado tiempo para mirarte así, a veces, muestra que están tratando de reprimirte. Si arrojan sus miradas a otro lugar periódicamente, muestra que están distraídos o que están tratando de esconderte algo. Cuando se trata de parpadear, por supuesto, es natural que los humanos pestañeemos; pero cuando el parpadeo es rápido, muestra que la persona está incómoda. Por el contrario, si el parpadeo es menor, muestra que la persona está tratando de controlar sus movimientos oculares, a veces, lágrimas.

Durante una entrevista, es muy importante que haga un buen contacto visual, ya que esto muestra el nivel de confianza y autoestima. Cuando participa en hablar en público, hacer un buen contacto visual muestra que está conectado con la audiencia, aumenta su comprensión de ellos, le permite relacionarse muy bien y obtiene una respuesta inmediata; es decir, si están escuchando, interesados, aburridos o preocupados. Las posiciones y posturas que las personas toman son un buen indicador para conocer el estado de su mente. Brazos y piernas cruzados, de pie con las manos colocadas en la cadera, golpeando los dedos rápidamente y colocando las manos en la parte posterior, todos tienen algo o cosas que identifican. Cuando estás conversando y notas que los pies de la persona están volteados hacia ti, indica un interés en lo que estás diciendo; Si está de lado, la mayoría de las veces significa indiferencia. En la misma línea, si la persona está sentada erguida, indica un interés en la discusión en curso. Mientras encorvando el cuerpo hacia adelante indica indiferencia y aburrimiento.

Comunicación no verbal háptica

Según Wikipedia, la comunicación háptica es una rama de la comunicación no verbal que se refiere a las formas en que las personas y los animales se comunican e interactúan a través del sentido del tacto. El tacto o háptico, de la antigua palabra griega "haptikos", es extremadamente importante para la comunicación; Es vital para la supervivencia. Es muy importante que tenga cuidado con cada toque que haga, especialmente con alguien con quien no está tan cerca emocionalmente. Cuando tocas a alguien de manera inapropiada especialmente intencional, es más probable que seas castigado, y la mayoría de las veces, un castigo legal que tendrá otras consecuencias negativas. El tacto puede ser persuasivo, acogedor o incluso amenazante. Puede venir en diferentes formas como funcional-profesional, social-educado, amistad-calidez, amor-intimidad y toque de excitación sexual. El primer profesional funcional puede ser un artista de maquillaje, sosteniendo la cara de su cliente, tocando algunas partes del cuerpo mientras lo maquilla. Lo mismo se aplica a los médicos, tatuadores, barberos y otros.

Tienen que tocarlo para poder brindarle los servicios profesionales que necesita. Además de hacer su trabajo, tocarte de esa forma no suele ser amigable. Un apretón de manos, una palmada en el brazo o el hombro es un buen ejemplo de un toque social y educado. Aquí, el toque es un camino principal para una discusión sobre un tipo de situación estrictamente socialmente educada. Utilizamos el apretón de manos como medio de presentación cuando conocemos a personas por primera vez, y también para ganar confianza. Cuando hablamos del toque de amistad y calidez, es más íntimo, a diferencia del dúo antes mencionado. Pero cuando van más allá de la dosis correcta, la relación se negociará por un interés romántico más profundo. En la misma línea, la subdosificación es una señal de hostilidad. Cuando hablamos de tocar en la dirección de las relaciones de amor-intimidad, comúnmente se encuentra entre parejas de amor, miembros de la familia y mejores amigos. Puede venir en forma de tomarse de las manos, tocar caras, abrazarse y, a veces, besarse. Estos toques señalan la intimidad entre las personas; si es entre amantes, generalmente da lugar a una forma de tocar con excitación sexual.

Sin embargo, vale la pena señalar que este concepto de tocar no es universal; En la cultura japonesa se ve como una acción extremadamente grosera cuando tocas a alguien, en lugar de tocarlo, prefieren inclinarse como una muestra de respeto y afecto. La gente en América Latina generalmente besa las dos mejillas del otro como señal de saludo y también para mostrar afecto. El tacto no solo se usa en un entorno tranquilo y sereno, sino que también se usa en una situación violenta y combativa. Tal como se ve en la lucha libre, se tocan, y los toques no son amigables. En un conflicto o pelea física, una persona abofetea, patea al otro y lo tira al suelo.

Las personas en las primeras citas suelen hacer toques para mostrar su altura de interés en la otra persona. Aquí, generalmente dan una palmadita en la espalda, que es un signo de abrazo abreviado, responden a las bromas golpeando ligeramente al otro en el brazo, haciendo que sus piernas se toquen. Cuando uno de ellos no está interesado en los toques, es más probable que la persona cruce los brazos y no los devuelva. Toque aquí a menudo se devuelve para mostrar interés; pero si decides no hacerlo, eso depende de ti.

Apariencia Personal

Otro tipo de comunicación no verbal que debe conocer es la apariencia personal. La apariencia personal es la forma en que te ves dentro y fuera de tu casa. Esto tiene que ver con su vestimenta, adornos, piezas de joyería y accesorios. Es la forma en que la gente lo ve en función de su vestimenta, maquillaje, peinados, bolso, maleta, zapato, aseo y otros. Esta es una vista física de ti desde la coronilla de tu cabeza hasta la planta de tus pies; en realidad es un medio de comunicación por sí solo. La ropa que te pones ya sea vestimenta casual, traje, ropa profesional, trajes culturales, uniformes, los estilos en los que se cose la ropa, sus tamaños, si son ajustados, ajustados o sueltos, los colores y muchas otras cosas. son suficientes para comunicarse de manera efectiva en su nombre. Cuando ve a un hombre o una mujer con una bata de laboratorio y un estetoscopio, no necesita que nadie le recuerde que la persona es un médico o un médico.

Del mismo modo, cuando ve a una persona con el tipo de peluca que ve en los tribunales y se viste de la misma manera que lo hace la gente, nadie necesita decirle que es un abogado. Lo mismo ocurre con los novios el día de su boda. Ese día, la pareja se verá diferente a cualquier otra persona, especialmente la novia, ya que ella será la única vestida con un espectacular vestido de novia blanco. Nuestras apariencias externas hablan de nuestros sentimientos y estados de ánimo internos, cuando vas a un funeral, verás a la mayoría de las personas allí, vestidas de negro y eso demuestra que están de luto.

Por ejemplo, dos personas vinieron para una entrevista en una organización corporativa. La primera persona estaba vestida con un traje; bien planchado y ordenado, mientras que el segundo era simplemente de jeans, una blusa informal, con zapatillas y un bolso de honda.

Con solo mirar, ¿cuál de ellos crees que conseguirá el trabajo? La primera persona, bien vestida con un traje, lo conseguirá porque su vestimenta sola demuestra que tiene confianza y es adecuado para el trabajo. El otro individuo puede ser excluido debido a su vestimenta porque es lo primero que debe notarse.

La ropa difiere de una cultura a otra. En algunos lugares, a las mujeres no se les permite mostrar ninguna parte de su cuerpo aparte de sus dedos y pies; Cubren muy bien. Mientras que en otras culturas, las mujeres son libres de usar lo que quieran y son libres de exponer ciertas partes de sus cuerpos. Su apariencia física es descriptiva, y cuenta con usted. La apariencia física de un seductor es diferente de la de una enfermera y también difiere de la de alguien que está vestido con ropa de luto. Dado que este aspecto de usted envía mensajes sobre usted, siempre debe estar ordenado, vestirse bien, ser consciente de su imagen y no solo eso, gastar tiempo y dinero extra para verse presentable y mantener una buena imagen.

Vocalics y Paralingüística

Vocalics o paralingüística es otra forma de comunicación no verbal. El lenguaje y el vocabulario tienen que ver con la voz. Se dice que el paralenguaje son los elementos no verbales del habla y, en cierta medida, de la escritura, se usan para modificar el significado y transmitir emociones como tono, volumen, entonación, calidad de voz, velocidad del habla, volumen, estilo de habla, ritmo, fluidez y estrés. Paralenguaje puede venir en forma de jadeo, aclaración de garganta, cambio de tono, susurro o gritos, enfatizando ciertas palabras, hablando más lento o rápido y otros.

Cuando alguien te ofende y se disculpa, se espera que el tono detrás de la disculpa sea suave y no tan fuerte. El tono, la pantalla y todo lo demás nos ayudan a decirnos cuán sincera o falsa es la disculpa. Cuando un niño te ofende, y deseas corregirlo aumentando tu voz para señalar su error. Este niño descubrirá que esta no es la forma en que le hablas en otras ocasiones, por lo que comprenderá por el tono de tu voz que te ofendió tan profundamente.

Distancia o Proxemics

La distancia o la proxemia es otro factor para considerar aquí. Proxemics se refiere a la distancia o espacio entre las personas a medida que interactúan. Cuando un extraño se para o se sienta demasiado cerca de usted, descubrirá que no se sentirá cómodo allí. Proxemics es también una de las formas de comunicación no verbal. La distancia que desea tener en un salón de clases difiere de la que tiene con un compañero de trabajo, también, de la que tiene con los miembros de su familia o incluso con amigos cercanos. El nivel de distancia en una relación más cercana e íntima será diferente de los mencionados anteriormente. La distancia que mantienes con las personas muestra lo cerca que estás de ellas, y también la forma en que te relacionas con ellas.

Silencio

El silencio es un tipo de comunicación no verbal que no tiene nada que ver con palabras o articulaciones antes de pasar un mensaje. Si alguna vez alguien le ha dado el "tratamiento silencioso", estaría de acuerdo en que varios pensamientos pasaron por su mente. ¿Qué significado dedujiste finalmente del silencio?

El silencio es una poderosa comunicación no verbal que puede indicar que alguien ha elegido no comunicarse contigo.

Además de mostrar una falta de interés en la comunicación, el silencio se puede utilizar para controlar cómo fluye una conversación. Hay otros significados unidos al silencio. Tal como sucede con otros tipos de comunicación no verbal, el contexto en el que se usa determina cómo se interpretará el silencio.

Capítulo 9: Cómo leer señales no verbales

Las señales no verbales son más fuertes que el discurso verbal. La capacidad de leerlos y comprenderlos es de suma importancia ya que garantiza una comunicación más efectiva y mejores relaciones. Prestar mucha atención al lenguaje corporal de uno permite al comunicador detectar problemas o problemas no expresados y descubrir los medios adecuados para manejar y manejar estas sugerencias, ya sean positivas o negativas. A partir del examen detallado de las diferentes formas de señales no verbales, es más fácil formular un sistema adecuado y práctico para reconocer y comprender todas las formas de comunicación no verbal. Sin embargo, aún será imperativo examinar críticamente los medios eficientes y efectivos de leer y transcribir señales no verbales.

Lenguaje corporal

El lenguaje corporal se refiere a señales no verbales que transmiten sentimientos e intenciones. Rodea todos los modos de comunicación no verbal. Es decir, expresiones faciales, posición, gestos, etc. Un gran número de personas han dominado el arte de controlar sus expresiones faciales. Pero a veces, bajo observación cercana, inconsciente e involuntariamente hacen algunas expresiones faciales que traicionan sus emociones y pensamientos. Sonreír es una señal no verbal importante para tener en cuenta; podría ser genuino o forzado, sancionando así la amistad o la cautela.

Una sonrisa genuina involucra principalmente toda la cara, especialmente los ojos, mientras que una sonrisa forzada involucra solo la boca y generalmente comunica insatisfacción, desaprobación o disgusto. Una media sonrisa es una expresión facial común que transmite sarcasmo o incertidumbre. Los labios apretados y fruncidos también indican disgusto, mientras que una boca relajada indica una actitud relajada y un estado de ánimo positivo. Otros lenguajes corporales incluyen golpes en los pies para demostrar impaciencia, movimientos de los dedos para indicar timidez y movimientos o movimientos inestables para mostrar incomodidad o ansiedad. La desconexión o la infelicidad se pueden comunicar con los brazos cruzados frente al cuerpo, expresión facial mínima o tensa, poco o ningún contacto visual, sentado con la cabeza baja, mirando al orador, inquieto, escribiendo o garabateando. Lo que es necesario para leer estas señales es prestar la atención adecuada para evitar y detectar una audiencia no comprometida. Recoger el lenguaje corporal negativo es un requisito clave para una comunicación efectiva, ya que ayuda a mejorar la conciencia de las reacciones de las personas a ciertas palabras y acciones.

Con respecto al movimiento de la cabeza, la velocidad a la que una persona asiente con la cabeza ilustra su paciencia o falta de uno. El asentimiento lento representa intriga o fascinación con el tema de discusión y el asentimiento rápido describe impaciencia, falta de atención o desprecio por el tema de discusión. La inclinación de la cabeza hacia los lados también es un signo de compromiso, mientras que la inclinación de la cabeza hacia atrás muestra escepticismo o desconfianza. Durante la presentación del discurso, donde el público asiente con la cabeza, demuestra que está de acuerdo con los hechos u opiniones presentados y donde sacude la cabeza, muestra desacuerdo y rechazo. Las personas llaman la atención sobre objetos u otras personas empujando su cabeza hacia adelante y hacia lo animado o inanimado, buscan llamar la atención.

Al igual que los pies, las manos y los brazos exponen importantes señales no verbales. Las manos en el bolsillo pueden ilustrar cualquier cosa, desde inquietud hasta engaño. Las manos sobre la cabeza muestran frustración o dolor, y las manos levantadas sobre la cabeza representan la rendición.

Durante la comunicación, una persona puede agitar sus manos para fortalecer su punto. Sostener la cabeza con la mano también es un símbolo de concentración. Al hacer gestos con las manos, una persona generalmente señalará en la dirección de alguien con quien tenga una relación. Las manos extendidas son una señal no verbal para la aceptación y el rechazo. Las manos colocadas en las caderas son un gesto común para la fatiga y la indiferencia. Los gestos con las manos generalmente proporcionan consejos sobre la lectura de la comunicación no

verbal y se le debe prestar atención. Los brazos son vistos como
la puerta de entrada al cuerpo. En algunas culturas, cruzar los
brazos mientras se comunica con un personaje dominante se
considera irrespetuoso. En general, cruzar los brazos podría
representar conmoción, incredulidad, o podría ser un gesto
defensivo y de bloqueo. Indican igualmente vulnerabilidad o
intolerancia; los brazos en alto a menudo se interpretan como
orgullo y arrogancia.

Proximidad

Como se explicó anteriormente, cuando discutimos que la
postura y la distancia son señales no verbales, la distancia entre
dos personas es fundamental para establecer la relación que
existe entre ellas. También ayuda a comprender el tipo de
intimidad y comprensión compartida. La proximidad se
comunica mediante el uso del espacio, la distancia y el contacto
corporal. Estar de pie o sentado cerca de alguien es una evidencia
concreta de relación o confianza. Es costumbre ver a amigos,
familiares, colegas o conocidos mantener una distancia cómoda
entre ellos. El concepto de "peligro extraño" hace que sea normal
evitar estar cerca de personas desconocidas como un signo de
caridad, dudosidad o desconfianza. Sin embargo, esta
presentación está sujeta a la cultura, la religión, las prácticas
tradicionales de las personas involucradas e incluso el tema de
discusión.

Se espera que las mujeres musulmanas mantengan una distancia considerable entre ellas y cualquier hombre que no esté directamente relacionado con ellas. En algunos entornos, garantizar que exista una cantidad considerable de espacio entre una persona dominante y servil es prueba de respeto y humildad. Al igual que entre las parejas en sociedades conservadoras, es más probable que las esposas se nieguen a estar cerca de sus esposos para parecer respetuosas y permitirle ejercer autoridad. Esto, sin embargo, puede parecer extraño y poco emocionante para las personas en las sociedades occidentales donde se permite la exhibición pública de afecto por parte de las parejas. Poder leer la señal de proximidad e interpretar correctamente es una habilidad de comunicación esencial, ya que uno debe ser capaz de decodificar el espacio o la distancia apropiada en todas las situaciones.

Pies y Piernas

La posición de pies y piernas es un indicador eficaz de verdaderas intenciones. Los pies y las piernas, en cuanto a las señales de giro, indican dónde estaría preferiblemente el individuo y la disposición o el deseo de moverse. Un ejemplo de esto se dio anteriormente bajo postura como una señal no verbal. Cuando una persona mira de lado con los pies y las piernas alejados del comunicador, es un signo evidente de lasitud o indiferencia ante la presencia o el mensaje del comunicador. Se podría concluir que cualquier posición en la que los pies del oyente no estén mirando al orador podría leerse como un deseo temporal de interactuar con el orador.

Mirar los pies de una persona a veces es una comunicación no verbal no intencional. Como la mayoría de las personas pueden manejar perfectamente su lenguaje facial y la posición de la parte superior del cuerpo, a menudo se revelan pistas importantes a través de los pies. Golpear un pie lentamente mientras está sentado o de pie puede mostrar impaciencia o indecisión. La inclinación de las piernas de un lado a otro puede mostrar aprensión o angustia. Estudiar y comprender el posicionamiento de los pies como una señal no verbal ayuda a determinar las intenciones tácitas de los individuos.

Replicar

Esto describe imitar el lenguaje corporal de la otra persona. Durante las interacciones, es instructivo verificar el reflejo, ya que es un signo positivo que podría transmitir aceptación, admiración y atracción. Los ejemplos de reflejo incluyen cuando el público imita la posición sentada o de pie del orador, tomando un sorbo de una bebida al mismo tiempo o inclinando la cabeza de la misma manera y en la misma posición que el orador. La duplicación es un fenómeno natural entre amigos y personas de igual estatus, y abarca desde copiar el lenguaje corporal o el patrón de habla de la otra persona hasta vestirse como lo hacen.

La forma más notable de reflejo es bostezar. Una persona comienza y el resto lo sigue. A menudo se dice que las parejas que han vivido juntas durante un largo período de tiempo se parecen entre sí como resultado de reflejar las expresiones faciales de los demás e incluso la entonación o la inflexión de la voz. Aunque es una manera perfecta de formar buenas relaciones, el reflejo es interpretado de manera diferente por los individuos, lo que hace que sea relevante examinar la reacción de la persona reflejada. Entonces, mientras que algunos pueden sentirse increíblemente halagados por las estrategias de duplicación, otros pueden encontrarlo inquietante y desesperado. Pero la investigación ha demostrado que la mayoría de las personas se sienten cómodas para verse reflejadas y reflejarse en otra. La importancia del reflejo es que crea una atmósfera relajada y pone a la persona reflejada en un estado mental receptivo y flexible.

Contacto visual

El contacto visual, como ya se discutió anteriormente, es discutiblemente la señal no verbal más fuerte. La incapacidad de hacer contacto visual puede significar aburrimiento e incluso traición donde la persona mira hacia otro lado. La deshonestidad y la honestidad se pesan con los ojos; la tasa de parpadeo podría ser muy útil para demostrar que una persona no es sincera. El parpadeo rápido y sucesivo muestra estrés y, cuando se acompaña de gestos con las manos, retrata el carácter de la persona como poco confiable y no confiable. La dirección de la mirada refleja su interés; Una mirada rápida a la puerta o al reloj indica que desea irse. Se había sugerido que mirar hacia arriba y hacia la derecha durante la comunicación representa que la persona ha mentido, ya que las personas a menudo miran hacia arriba y hacia la izquierda al inventar o crear situaciones imaginarias y falsas. Mirar mientras se habla crea una afinidad con la persona que habla, mientras que escuchar corresponde a la afinidad establecida. Los alumnos se dilatan para mostrar concentración e interés, lo cual es una emoción favorable. Evitar el contacto visual también podría aparecer como una señal de que el comunicador no es atractivo. Al igual que en otras formas de comunicación no verbal, el contacto visual está determinado por consideraciones culturales y religiosas. La incapacidad para mantener el contacto visual se ve reforzada por las habilidades sociales deficientes.

Tacto

El tacto es una señal no verbal bastante cuidadosamente empleada. Es un componente integral de la comunicación háptica. El sentido del tacto le permite a uno experimentar diferentes sensaciones de placer, dolor, calor o frío. El tacto va desde una palmada en la espalda hasta abrazos para mostrar afecto o cuidado. Se divide en contacto social / cortés, contacto de amistad / calidez, contacto de amor / intimidad y contacto sexual, todo lo cual traspasa los límites de la cultura y la religión. Excepto en situaciones formales de saludos y palmaditas corteses, el tacto generalmente está reservado para las relaciones más íntimas. A menudo, se ignoran todos los días los gestos incidentales, como el rizado del cabello o un golpe en el brazo. Pero son mucho más profundos. Representan el idioma principal de la amistad y la comprensión y proporcionan un medio para difundir la compasión. La aceptación o apertura al tacto dependerá de la relación existente y del nivel de comodidad de esa relación. Los extraños en el transporte público se esfuerzan por crear suficiente espacio personal y evitar toques. Incluso en una gran multitud, las personas intentan no tener contacto innecesario entre sí. En el sector profesional, un apretón de manos flojo puede indicar incertidumbre y falta de entusiasmo, mientras que un fuerte agarre puede ser dominante. El lenguaje corporal que acompaña a un toque es muy material. Cuando una persona se encoge o retrocede antes o después de tocar o ser tocada por una persona, es una señal negativa. Con respecto al abrazo, una postura rígida o una expresión facial muestra que el abrazo no es deseado. Lo que generalmente se pasa por alto es la familiaridad que lleva a las personas a tocar a otra sin mirar para verificar si se aprecia o no dicho contacto. Es importante ser sensible a los límites personales y estar atento a las señales al tocar o hacer contacto de la piel con otras personas.

Tiempo

El uso del tiempo se conoce formalmente como chronemics. Los humanos se perfilan en monocrónicos y policrónicos. El grupo monocrónico coloca el valor en el tiempo y lo ve como una mercancía preciosa. El segundo grupo valora otras cosas más, como las relaciones. Esta diferencia está correlacionada con las diferencias culturales.

En las sociedades occidentales, el tiempo es muy necesario y se administra adecuadamente. Un perfil monocrónico generalmente se ajusta al tiempo, planifica con anticipación y mantiene horarios, inflexible con los plazos y completa el trabajo dentro del tiempo limitado otorgado. Un personaje policrónico hace lo contrario. En conversaciones directas, el uso del tiempo podría transmitir un poderoso mensaje no verbal. La puntualidad indica la paciencia para esperar. La velocidad del discurso indica cuánto tiempo la gente está dispuesta a escuchar. Una persona que siempre llega tarde puede no ser organizada o meticulosa. Es importante destacar que la cantidad de tiempo que uno dedica a una persona o cosa establece la altura de su interés. El tiempo es una señal no verbal que, si se observa, dice mucho sobre la personalidad de un individuo.

Al leer señales no verbales, es aconsejable no leer de forma aislada, ya que podría dar lugar a interpretaciones incorrectas y complejidades innecesarias. Las circunstancias del caso y el estado de ánimo o actitud general de la audiencia son cruciales para traducir sus motivos no verbales. Las creencias religiosas, los valores personales y las costumbres son fundamentales para decidir cómo reaccionaría un individuo verbalmente y de otra manera en una situación cómoda e incómoda. La observación de señales no verbales aumenta la capacidad del comunicador para analizar las señales y compararlas para confirmarlas o contradecirlas con declaraciones pronunciadas. Las señales no verbales transmiten información sobre intenciones, preocupaciones y rasgos de personalidad. No es todo lo que una persona piensa o siente lo que pone en palabras. Por lo tanto, lo más importante en la comunicación es escuchar lo que no se dice.

Capítulo 10: Cómo mejorar su comunicación no verbal

La comunicación no verbal es una forma de comunicación en la que participamos en nuestra vida cotidiana y en la conversación con la gente común. Envía más información y mensajes que la comunicación verbal. Sin embargo, las personas pasan más tiempo mejorando su comunicación verbal, aprendiendo un nuevo idioma, aprendiendo a enunciar y pronunciar palabras de manera clara y fluida, como lo haría un hablante nativo, en lugar de su comunicación no verbal.

Las comunicaciones no verbales cumplen diversas funciones además de transmitir un mensaje sutil y hacer que la comunicación sea mucho más fácil. Algunas de las funciones de la comunicación no verbal incluyen:

- **Amplifica lo que se expresa en palabras**: Lo más probable es que cuando diga "Sí", lo acompañe asintiendo con la cabeza para demostrar que está de acuerdo con la otra persona y las veces que ha dicho "No" fueron reforzadas sacudiendo la cabeza vigorosamente para mostrar disgusto.

- **Reflejar el verdadero estado emocional de las personas**: Las personas pueden decir exactamente cómo te sientes por dentro sin que tengas que decirles una palabra a través de tu expresión facial, el tono y el tono de tu voz y tu lenguaje corporal. Cuando estás enojado, tu tono es más fuerte y tu tono es más fuerte cuando hablas con la gente, incluso cuando ocultas de tu cara que estás enojado, tu voz siempre te traicionará. Probablemente debiste haberle preguntado a una persona "Hey, ¿está todo bien?" Con solo mirarlos. Puede saber fácilmente cuándo una persona está aburrida y sin interés por la forma en que se sientan o se paran.

- **Contar la relación entre las personas**: Para las personas enamoradas, no es raro verlas "reflejar" la expresión del otro. Tienden a sonreír al mismo tiempo; se miran y se miran a los ojos cuando se hablan. Estas comunicaciones no verbales entre ellos les ayudan a sentirse más conectados y fortalecen su relación. Es más probable que no se le moleste acerca de cerrar el espacio personal con alguien con quien está familiarizado que un extraño total.

- **Comentarios entre el hablante y el oyente**: En un lugar público o en un entorno formal, no querrá interrumpir el flujo de comunicación interrumpiendo su discurso. Lo responsable es hacer un cierto gesto con la mano que indique que quieres hablar, y la otra parte te da un visto bueno al asentir o con un gesto similar. Sonreír y ocasionalmente asentir con la cabeza es una señal de que los estás escuchando y prestando atención a ellos y a lo que están diciendo. El contacto visual también muestra que estás interesado en ellos y en lo que dicen. Estas señales no verbales transmiten información de una manera sutil pero clara y amable.

- **Controla el flujo de comunicación**: Cerrar los labios firmemente durante una conversación indica que no tiene nada más que decir, además, el contacto visual suave con el hablante seguido de asentir con la cabeza es una forma tranquila de pedir permiso para hablar. Estas palabras no pronunciadas hacen que la comunicación continúe sin tener que interrumpir o interrumpir al orador o la reunión en ningún momento.

Si bien es bueno mejorar y trabajar en su comunicación verbal, es excelente mejorar y dominar su comunicación no verbal para que exprese exactamente lo que quiere decir y cómo se siente en el momento exacto. Es genial aprender acerca de sus medios de comunicación no verbales para que muestre cómo se siente porque así es como se siente y evite que las personas lean los significados incorrectos de sus expresiones, ya sabe, cruza las piernas porque tiene ganas de cruzarlas y no necesariamente porque estás estresado o irritado.

¿Cómo, entonces, mejora su comunicación no verbal? Existen diferentes formas de comunicación no verbal y hay diferentes formas de mejorar las formas individuales de comunicación no verbal.

- **Realizar un examen personal del lenguaje corporal**: Un examen o evaluación del lenguaje corporal es para ayudarlo a estudiar y conocer los diversos lenguajes corporales que utiliza. Para hacer esto, preste atención a cómo usa el lenguaje corporal durante un período de tiempo, por ejemplo, una semana o un mes. Presta mucha atención a tu postura en las reuniones o cuando hables con la gente en general, tu expresión facial durante las conversaciones y presentaciones oficiales y casuales. Observe y tome nota de cómo otras personas responden a su lenguaje corporal inconsciente y cómo usted también responde o refleja su propio lenguaje corporal.

- **Examina tus emociones y cómo se expresan en lo físico**: Las emociones se forman en la mente, pero no existen simplemente en la mente. Se filtran a través de la mente y encuentran expresión en el cuerpo. Ciertas emociones se sienten y liberan físicamente dentro del cuerpo. Tómese el tiempo para estudiar las emociones, que van desde la ira, el aburrimiento, el éxtasis, la frustración, la felicidad que siente durante este período e intente descubrir las partes de su cuerpo que traducen la emoción que siente. Si se siente ansioso, lo más probable es que sienta que su estómago se contrae o que sus palmas se ponen sudorosas. Su cuerpo muestra su ansiedad por el parpadeo continuo de los ojos, el aumento de los latidos cardíacos y el aumento de la tasa de transpiración. Diferentes personas sienten diferentes emociones de manera diferente y, por lo tanto, ser consciente de cuánto afectan sus emociones a su cuerpo puede ayudarlo a controlar cómo se expresa de manera no verbal.

- **Sea más intencional sobre su comunicación no verbal**: Permita que su lenguaje corporal refleje sus emociones. Cuando estés feliz y en el lado positivo del espectro de emociones, deja que se muestre en tu lenguaje corporal, mantén tu cuerpo abierto y libre. Cuando esté confundido y necesite claridad, haga preguntas y muestre su confusión mostrando o usando una ceja fruncida. No cruce los brazos cuando esté disfrutando de la conversación y quiera que continúe, mantenga los brazos abiertos y mantenga una sonrisa para mostrar que está interesado y que está disfrutando la conversación.

- **El mimetismo es parte de la vida.** Aprenda a darle un buen uso: en su interacción diaria con las personas, debe haber habido cierto lenguaje corporal y expresiones que ha notado y visto que son útiles en ciertas conversaciones, por ejemplo, asentir con la cabeza cuando las personas están de acuerdo con alguien o alguien opinión. Puede usar esa expresión cuando se comunica con otras personas cuando tiene los mismos sentimientos y comparte sus sentimientos. También puede ver a las personas con las que se está comunicando y reflejar su respuesta hacia usted. Si se inclinan hacia ti, responde inclinándote hacia ellos. Si hacen gestos rápidos, haga lo mismo. Mientras imita y copia los movimientos del cuerpo de otras personas, tenga cuidado de copiar solo los correctos y no los negativos, como fruncir el ceño, juguetear o cruzar los brazos y las piernas.

- **Use gestos que estén sincronizados con lo que está comunicando verbalmente**: Esto es para evitar enviar señales no coincidentes a las personas. Por ejemplo, cuando expresas remordimiento verbalmente y te sientes mal por lastimar a una persona, una sonrisa no debe aparecer en tu rostro mientras lo haces. No muestras remordimiento ni arrepentimiento sonriendo. Arruinas la disculpa sonriendo porque demuestra que no te refieres o que no te tomas en serio la disculpa. Quiero decir, ¿quién sonríe durante una disculpa?

Además, mantenga contacto visual durante una conversación. Evitar el contacto visual es un indicador de que mientes o no eres honesto con lo que dices; También puede significar que no está interesado en lo que dice el hablante, especialmente cuando sus ojos están en otra cosa. Mantener el contacto visual no significa que fijes tu mirada en la otra persona cuando haces esto, ya que se vuelve intimidante y espeluznante, y no quieres hacerlo.

- **Minimiza el uso de tus dedos**: No apunte con los dedos, ya que puede interpretarse como una amenaza o agresión. No te inquietes; inquietarse claramente es un signo de falta de confianza y ansiedad. Es posible que necesite tiempo para recuperarse si simplemente no deja de inquietarse.

- **Asentir con la cabeza se interpreta como un acuerdo con lo que se habla o se hace**: Sin embargo, se convierte en un problema cuando simplemente no deja de asentir con la cabeza. Somos humanos, y es imposible estar de acuerdo con todo lo que otra persona hace o dice. Entonces, cuando sigues asintiendo con la cabeza en cada punto, se interpreta que no estás interesado en lo que se dice y simplemente no puedes esperar a que el orador termine.

- **Más de lo que se dice, lo importante es cómo se dice**: Su tono y la calidad de su voz transmiten más información que las palabras que pronuncia. La gente puede olvidar lo que dijiste, pero no olvidará el tono de tu voz. No levantes la voz; hablar en un tono bajo o normal. Incluso cuando te provoquen, mantén el tono de voz bajo. "Necesitamos hablar" puede ser interpretado y sentido de manera diferente por las personas dependiendo de cómo se haya dicho. Elevar la voz no solo es irrespetuoso, sino que también puede ser amenazante incluso cuando no es su intención. Su tono puede transmitir significados como aburrimiento, respeto, falta de respeto e incluso hostilidad. Más que las palabras que dices, presta más atención a cómo lo dices.

- **Respetar los límites y el espacio personal**: Hay una razón por la que se llama espacio personal. Para que se produzca una comunicación efectiva, debe respetar su espacio y el espacio personal de otras personas. Lamentablemente, muchas personas incluso aprendieron y supuestamente personas progresistas no entienden la necesidad de espacio personal. Es importante ser consciente de cómo se sienten los demás acerca de su espacio personal, y también es importante saber lo que está permitido para diferentes personas y culturas en lo que respecta al espacio personal. Sobre el tema de los límites, es importante saber y aprender qué tan lejos está demasiado lejos. Lo que es más importante, ajuste su espacio personal y sus límites para adaptarse a los de la persona con la que está conversando. Si se acercan, inclínese y cuando retrocedan, no intente cerrar la brecha.

- **Enfréntate a las personas con las que te estás comunicando**: Independientemente del entorno o la reunión en la que se encuentre, las personas quieren tener esa sensación de ser importantes y tratadas como si fueran importantes. Cuando te enfrentas a las personas con las que estás hablando, les da un sentido de importancia y que se noten. No solo les des una mirada silenciosa, míralos a la cara y háblales. Presta atención a ellos y a la conversación que estás teniendo. Evitar cualquier distracción; no mire a su teléfono ni a ningún otro lado. Concéntrese en quién está frente a usted y preste mucha atención a ellos. Es un signo tácito de respeto por ellos y su tiempo.

- **Sonreír**: Los idiomas difieren según las culturas y los países, pero todos hablan y entienden un idioma. El lenguaje llamado una sonrisa. Las personas que sonríen a menudo son más accesibles y fáciles de relacionar porque esa es la señal que envían al sonreír a otras personas. Una sonrisa dice: "Oye, estoy abierto, estoy aquí, puedes hablar conmigo". Una sonrisa puede ayudar a las personas a su lado durante una discusión.

Cuando sonríes durante una discusión, muestra que estás relajado y tranquilo en lugar de agitado y enojado. Una cara relajada o una sonrisa durante una presentación también hace que la gente quiera escucharte y escucharte.

- **Tenga un apretón de manos firme y mantenga una posición erguida**: Esto envía una señal de confianza y seriedad. Sentarse derecho te pone en una posición cómoda y, por lo tanto, te permite prestar atención a lo que se dice. Cuando esté de pie, párese derecho también, sin encorvarse, porque cuando se encorva, da una impresión horrible de que no le importa la persona que le habla. Estar erguido te ayuda a escuchar con atención. Párate derecho con la cabeza en alto. Hace que la otra parte se sienta igualmente cómoda, ya que muestra que no estás desinteresado o apurado. Cuando te sientes, asegúrate de que tus pies estén plantados firmemente en el piso y que la parte baja de tu espalda esté contra la silla. Un firme apretón de manos irradia confianza.

- **Vístase apropiadamente y esté bien arreglado**: La apariencia tiene una forma de hablar más acerca de una persona, incluso antes de que se presente la oportunidad de hablar. Use ropa cómoda que no esté demasiado ajustada o floja. Use los zapatos correctos para los eventos correctos. Si algo está mal con tu vendaje, te hace perder la concentración en el evento ya que dirige tu atención hacia ti mismo. Su apariencia puede retratarlo como organizado y responsable o descuidado y rudo.

- **Practica y no dejes de practicar hasta que te mejores**: La única forma de mejorar en algo es mediante la práctica constante. Es practicando que mejora y domina la comunicación no verbal. Observe y preste atención y vea qué tan bien está mejorando o progresando. Dile a amigos de confianza que te graben videos cuando converses con otras personas. Mire estos videos y vea cómo puede interpretar su propio lenguaje corporal y cómo coincide con las palabras que pretendía transmitir.

Mejorar su comunicación no verbal es importante en todos los niveles, incluso en sus interacciones cotidianas. Mientras su interacción diaria involucre humanos, no se puede exagerar la necesidad de mejorar su comunicación no verbal. Mejorar su comunicación no verbal lo ayudará a atraer mejor a su audiencia y mantenerlos interesados. Le ayudará a pronunciar discursos y presentaciones extraordinarias.

Finalmente, familiarizarse con su lenguaje corporal y el efecto que tiene sobre las personas y la forma en que pronuncia su discurso o conversación lo transformará en un ser más seguro, que a la larga trascenderá en cómo interactúa con las diferentes personas con las que se encuentra diariamente.

Capítulo 11: Señales no verbales que proyectan confianza

Contacto visual adecuado: los ojos se utilizan para comunicar niveles de calidez, participación e interés. El nivel de contacto visual que usted hace con una persona u otra persona con usted puede mostrar mucho sobre ellos. Cuando se encuentra con una persona por primera vez, es de buena educación hacer contacto visual con ella durante unos segundos, mientras que se dice grosero hacer contacto visual y mirar fijamente. Por lo general, una persona segura lo mira a los ojos por unos segundos, por ejemplo hasta cinco segundos, antes de hacer contacto visual con otra persona en la habitación. A las personas inseguras generalmente les resulta difícil mantener el contacto visual con las personas en la habitación, ya que lanzan miradas rápidas a todos en la habitación, lo que fácilmente los vende como inseguros. Las personas seguras mantienen contacto visual porque están seguras de sí mismas; las personas inseguras lanzan miradas rápidas a las personas porque buscan aprobación y seguridad a los ojos de las personas. En las zonas apropiadas, el contacto visual debe realizarse entre el 40 y el 60% de las veces. Para saber si muestra confianza con sus ojos, pídale a un amigo de confianza que lo ayude a controlar la frecuencia con la que mantiene contacto visual durante una conversación.

Apretón de manos firme: Probablemente se esté preguntando cómo puede mostrar confianza o la falta de ella a través de un apretón de manos. Un gran apretón de manos es aquel que involucra el contacto completo de la palma de la mano, agítelo hacia arriba y hacia abajo una o dos veces mientras sonríe y se mira a los ojos. Las personas lo verán confiado si, al temblar, estrecha firmemente su mano y la aprieta hasta que sienta que sus músculos se tensan antes de soltarlos. Especialmente en un entorno comercial o formal, dejará una gran impresión positiva en ellos. Sin embargo, evite los apretones de manos agresivos; uno que es repentino. Además, evite un apretón de manos desprendido y flojo. Trate a las personas con respeto independientemente de su género y evite pasar un mensaje inapropiado a través de un apretón de manos. Además, independientemente del género, puede ser el iniciador de un apretón de manos y, cuando lo haga, hacerlo firme, cálido y seguro.

Gestos efectivos y apropiados: los gestos ayudan a acentuar las palabras que se hablan. Son signos de puntuación visibles que proyectan significados visuales a sus palabras. Deje que sus gestos sean mínimos pero lo suficientemente efectivos como para transmitir su mensaje. Haz gestos que sean vivos y naturales. Los gestos con las manos hacen que la gente te escuche, hace que la gente preste atención al flujo de tu discurso.

No hablas con la gente y, en el proceso, te rascas el cabello, te tocas o te picas la nariz, te rascas la oreja o juegas con los dedos o los aprietas como si fueran una prenda de ropa. Estos gestos no solo son groseros e irrespetuosos, sino que también hablan en voz alta sobre tu falta de confianza. Además, dependiendo de tu audiencia, evita ser demasiado expresivo con tus gestos. Limite sus movimientos y gestos si su audiencia es más del sexo opuesto porque puede hacer que se vea menos creíble. En este caso, permita que el tono de su voz y su postura hablen.

Para una regla sobre cómo hacer los gestos correctos, en palabras de Carmine Gallo, "imagina tu esfera de poder como un círculo que se extiende desde la parte superior de tus ojos, hasta las puntas de tus manos extendidas, hasta el ombligo y vuelve a tus ojos nuevamente. Las manos que cuelgan debajo de tu ombligo representan la falta de energía y confianza".

Postura autoritaria y presencia: cuando te paras erguido, alto y derecho, el mensaje que transmites es el que apesta a autoridad, confianza en ti mismo y gran energía. Cuando tiene y mantiene una buena postura, envía una señal de autoridad y liderazgo. Cuando esté sentado, siéntese derecho y use los brazos de la silla si los hay. Poseer el espacio y ocupar espacio. Párate erguido y con los pies separados, descansa tu peso sobre ambos pies. Una ventaja de una postura erguida es que te señala como alguien con algo significativo para contribuir a la discusión en cuestión y porque las personas aceptan tus proyecciones sobre ti, serías visto como un ganador, competente y una persona segura de ti cuando ' Estar de pie y sentado es derecho y erguido.

Prestando toda la atención: Cuando prestas atención a lo que la gente dice o hace, te dice más sobre cuánto respetas y honras su tiempo y el valor que aportan. Las personas seguras están abiertas al aprendizaje, son seguras en su espacio y, por lo tanto, no tienen motivos para temer o dudar de la otra persona. Descruza tus brazos y piernas, inclina tus dedos de los pies y cuadra tus hombros e inclínate hacia las personas cuando te están hablando o cuando les estás hablando a ellas. Ignora todas las distracciones y presta atención y energía a la conversación.

Responda a las señales no verbales de otras personas: solo puede saber que están enviando una señal no verbal cuando le presta atención. En un entorno más formal, escuche no solo con sus oídos sino que permita que sus ojos escuchen lo que no están expresando. Presta atención a su tono y lenguaje corporal. Tienen una manera de decirle cuándo una persona está cansada y necesita un descanso, cuándo está de acuerdo o en desacuerdo con usted y también cuando necesita una oportunidad para hablar. Responder a sus señales no verbales permitiendo que otros hablen y sean dueños del momento demuestra que estás seguro y confiado, muestra que no tienes miedo de permitir que otros brillen.

Usando las expresiones faciales correctas: no es raro que la boca diga una cosa mientras la cara dice algo completamente diferente. En una conversación, su cara es el principal punto de expresión, lo más destacado de toda la conversación siempre se ve en su cara. No solo usa la cara para mostrar sentimientos y emociones, sino que también usa la cara para controlar o navegar el curso de una discusión. Su expresión facial puede alentar la continuación o poner fin a una conversación. Es posible que no pueda controlar totalmente sus expresiones faciales porque son completamente involuntarias e inconscientes, sin embargo, depende de usted prestar atención a sus expresiones y estar al tanto de lo que cada expresión dice a las personas. Si quieres mostrarle a la gente que estás entusiasmado y entusiasmado, dejar que tu cara se anime más es una buena manera de hacerlo. Para demostrar que está interesado en una discusión, asiente con la cabeza ocasionalmente, sonría levemente y mantenga el mejor contacto visual. Una cara tranquila y serena es una excelente manera de mostrar poder y confianza.

Tono y tono de voz: además de la elección de las palabras en una discusión, estos componentes no verbales de su voz, como el tono, el ritmo, la pausa, el volumen, la inflexión, el tono y la articulación son iguales y, a veces, mucho más importantes. La comunicación no se trata solo de lo que se dice sino de cómo se dice. Es más probable que las personas quieran escuchar a una persona cuya voz es clara, cálida, relajada, severa y firme que a una voz temblorosa y tartamudeante, incluso cuando tienen información excelente y útil para transmitir. Puede demostrar su confianza al vestirse bien y sonreír apropiadamente mientras mantiene el contacto visual, todo esto puede ganar un pasaje rápido que puede arruinarse fácilmente con el tono de su voz. Esto se debe a que es más fácil para las personas formarse una opinión sobre usted en función del tono de su voz, ni siquiera necesitan conocerse físicamente antes de formarse una opinión. Una simple conversación telefónica es suficiente para que decidan si quieren reunirse con usted o no. Es por eso por lo que se recomienda que no conteste el teléfono cuando no esté de buen humor y cuando lo haga, recuerde que se debe a sí mismo proyectar una imagen vocal positiva y correcta. Enuncia palabras correctamente, evita el uso de rellenos de conversación innecesarios, detiene las disculpas innecesarias, suena tan seguro como puedas y sé lo más alto y claro posible. No grites y no hables cuando estés enojado. Es posible que no tenga otra oportunidad de redimirse. Tenga cuidado y evite usar la voz monótona durante una conversación, ya que lo señala como hostil y terminar una oración o un punto con una inflexión hacia arriba puede verse como una duda en su camino. Finalmente, haga pausas adecuadas durante una conversación. Reduzca la velocidad y no hable demasiado rápido. Permita pausas relativas entre discursos para que los oyentes puedan procesar sus palabras.

Cabeza nivelada y mentón bien posicionado: una cabeza nivelada es un fuerte indicador de su capacidad y confianza. También ayuda al tono y la textura de su voz, ya que la hace más completa y clara. También es mucho más fácil mantener el contacto visual con las personas cuando se levanta la barbilla que cuando se inclina la cabeza. Bajar la cabeza y la barbilla es una forma sutil de decirle a la gente que no está seguro, es inseguro, pasivo e incluso culpable de algo.

Caminar: Por la forma en que entraste a una habitación, las personas pueden sacar fácilmente sus conclusiones sobre tu confianza y cuánto valor llevas. Un paso de confianza (sin juego de palabras) comienza con una gran postura. Mantenga la barbilla en alto y levante la caja torácica para agregar confianza a su caminata, imagínese siendo alto y liviano. Mantenga su peso hacia adelante sobre las puntas de sus pies, no se acomode ni se relaje en cada paso, camine con un ritmo natural y cómodo, y mantenga su impulso uniformemente espaciado. Una caminata poderosa y segura consiste en más movimientos del brazo y un paso más largo con la cabeza en alto.

Manos visibles y bien colocadas: según Vanessa Van Edwards, "los bolsillos son asesinos de una buena relación. Cuando alguien puede ver tus manos, se sienten más a gusto y es más probable que te hagan amigos. Cuando entre a una habitación o espere a encontrarse con alguien, mantenga las manos fuera de los bolsillos ". Cuando se colocan ambas manos en el bolsillo, parece desinteresado, aburrido y nervioso. Está bien colocar una mano en el bolsillo siempre y cuando el otro haga gestos. Mantener las palmas visibles y abiertas muestra apertura, confianza y disposición para conectarse con los demás. Mantenga los dedos limpios y bien cuidados en todo momento, para resistir el impulso y la tentación de ocultar sus manos. colocándolos en su bolsillo.

Sonríe: según Marianne LaFrance, profesora de psicología de la Universidad de Yale, "Sonreír tiene enormes consecuencias para establecer conexiones. Una sonrisa puede mejorar y reparar relaciones o aliviar conflictos. Es una forma de decirle a la otra persona que se puede confiar ".

Una cálida sonrisa al conocer gente por primera vez crea espacio para la confianza y la simpatía. También dice que se siente seguro acerca de su cuerpo y su higiene bucal. La sonrisa debe hacerse de manera apropiada y cuando sea necesario. La sonrisa excesiva, especialmente del sexo opuesto al sexo opuesto, puede indicar indirectamente un motivo oculto y usted no quiere eso. Sonríe a menudo y sé genuino, pero evita exagerar.

Viste la parte: por encima de todo lo demás, tu forma de vestir es la parte más fácil y obvia de ti que fácilmente te hace sentir confiado o inseguro. Las personas seguras atraen menos atención hacia sí mismas con su vestimenta; quieren que los reflectores brillen sobre ellos y no sobre lo que llevan puesto. Quieren que los escuches y lo que tienen para ofrecer, y no te centres en su apariencia física. ¿Cómo distinguir a una persona segura de su vestimenta? Mira su escote, ¿qué tan hundido es? Mira su traje, ¿qué tan apretado o perdido es? ¿Qué tan revelador es su atuendo? ¿Su maquillaje es suave o excesivo? Cuando los miras, ¿pierdes el foco de lo que dicen o aún puedes fluir? ¿Por qué mantienes contacto visual con ellos? ¿Es porque estás tan interesado en lo que dicen o quieres echar un vistazo a su cuerpo? Incluso cuando conoces tus cebollas, vestir la parte aún funciona más mágicamente porque además de que te aborden de la manera en que estás vestido, no quieres pronunciar un discurso alucinante y lo único que la gente puede recordar del discurso es lo hermoso Los detalles de tu vestido son. Fácil con la colonia y los perfumes también. Sí, debe oler bien, pero por todos los medios posibles, no se presente a una reunión que huela como si literalmente tuviera que nadar en una piscina de perfumes. Cuando tenga confianza en sí mismo y en sus habilidades, no se esforzará tanto por llamar su atención.

En conclusión, debido a que la percepción que los demás tienen de nosotros es el resultado de lo que les proyectamos, los dejaré con las palabras de Amy Cuddy, la autora de Presence "Tu cuerpo da forma a tu mente. Tu mente da forma a tu comportamiento. Y tu comportamiento da forma a tu futuro. Deja que tu cuerpo diga que eres poderoso y que lo mereces, y te sentirás más seguro".

Capítulo 12: Técnicas de control mental

Las técnicas de control mental existen y pueden cumplir un propósito útil y destructivo. El resultado del uso de una técnica de control mental es directamente proporcional al motivo subyacente de la persona que participa en la técnica de control mental.

Las técnicas de control mental significan cosas diferentes para diferentes personas. Algunas personas lo llaman persuasión coercitiva, mientras que otros lo llaman seducción, persuasión coercitiva, lavado de cerebro, reforma del pensamiento y manipulación. Independientemente de lo que la gente elija describir, todos obviamente apuntan hacia la misma dirección; todos apuntan hacia la dirección del control mental y cómo puedes influir en la mente de un individuo para que haga lo que quieres que haga, asumir un papel y desempeñar un papel específico que quieres que juegue.

Se emplean muchas técnicas en el control mental para interrumpir o alterar el proceso mental de un individuo en particular. Estas técnicas son bastante efectivas y pueden tener efectos duraderos que son permanentes e irreversibles. Vale la pena señalar que no todas las técnicas de control mental son negativas y destructivas, ya que algunas tienen efectos realmente positivos.

En general, las técnicas de control mental tienen efectos tan potentes que son lo suficientemente potentes como para influir en los pensamientos, creencias, acciones, preferencias, elecciones y, en casos extremos, de toda la identidad de una persona.

El control mental es muy sutil y no ocurre rápido. Es sutil pero complejo y peligroso porque la persona cuya mente está siendo controlada puede no ser consciente de que está siendo controlada o manipulada. Es peligroso porque cualquiera puede ser manipulado sin que lo sepan. El comportamiento y las creencias de cualquier persona pueden modificarse sin que sepan que están siendo controlados. Lo interesante es que cualquiera puede ser un manipulador, cualquiera puede manipular y controlar su mente, especialmente aquellos cercanos a usted.

Las diferentes técnicas de control mental que existen

1. Aislamiento: El aislamiento físico tiene efectos realmente destructivos en las personas. Cuando las personas están aisladas de sus compañeros, amigos y familiares, tiene un efecto en su ser, se vuelven temerosas, retraídas y desesperadas por el afecto y la atención humanos. Los manipuladores siempre intentarán, en primer lugar, aislar a sus víctimas de otras formas de interacción humana. Cuando el aislamiento físico no es factible, intentan aislarlos mentalmente. Este aislamiento no se hace de una manera obvia, se hace de una manera sutil e incauta organizando un campamento de una semana fuera de casa para sus víctimas. Todo lo que necesitan es un período lo suficientemente largo como para limitar cualquier otra influencia y controlar el flujo de información.

2. Crítica: El arte de la crítica se emplea para hacer que el aislamiento de las víctimas sea más efectivo. ¿Cómo se logra esto? Los manipuladores lanzan a sus víctimas contra el mundo. Hacen que sus víctimas vean cómo el mundo está en contra de ellos y está tratando de sofocar sus vidas y todo lo que representan. Luego se hacen aparecer como el mejor salvador y espectáculo y te dan razones para hacerte sentir afortunado de que seas parte de ellos o de que te estén hablando. También pueden hacerte ver razones por las que deberías unirte a ellos para poder ganar contra el mundo.

3. Prueba social y presión de grupo: ¿Qué es la prueba social? La prueba social es simplemente un fenómeno psicológico en el que las personas creen y aceptan basándose en suposiciones generales de que las creencias y acciones de un grupo de personas son apropiadas y porque todos en ese grupo parecen "hacerlo", entonces es lo correcto. Los manipuladores utilizan esta técnica para hacer que una persona vea la razón por la que debería hacerlo. Los manipuladores o controladores mentales que tienen un grupo ya grande pueden emplear esta técnica para convencer a una persona o un individuo que no está seguro del paso o acción a seguir. Ver a muchos otros haciendo esa cosa en particular simplemente lo hará hacerlo.

4. Miedo a la alienación: Esta técnica funciona perfectamente para una persona que ya es miembro de un grupo manipulador. Cuando una nueva persona se une a un grupo manipulador, los miembros le dan la bienvenida y lo hacen sentir querido y especial formando amistades estrechas con él. Estas nuevas amistades son a menudo más profundas, más reales y mejores que cualquier forma de amistad que el recién llegado haya experimentado antes del momento de unirse al grupo. Lo prodigan con afecto y recompensas que conducen a una forma de dependencia entre la víctima y el manipulador. Cuando en el futuro, el recién llegado decide abandonar el grupo, le resulta difícil porque estaría solo y solo en el mundo exterior. Así que se queda y no puede abandonar el grupo por miedo a la alienación.

5. Repetición: Esta técnica es demasiado simple y parece insignificante para ser utilizada como una herramienta para controlar la mente, pero cuando repites lo mismo una y otra vez a una persona, se vuelve familiar y puede recordarla sin esfuerzo. Esta técnica es una de las técnicas más importantes y simples, ya que todo lo que se necesita es perforar ideas en la mente de las víctimas. Estas ideas pueden insertarse oralmente usando canciones o mantras o escritas, usando símbolos o palabras que leen en voz alta varias veces. Recuerda cómo usas mantras y palabras de afirmación para motivarte, genial. Por lo tanto, si puede motivarse a través de afirmaciones y mantras, tenga la seguridad de que es probable que alguien en el futuro, trate de controlar su mente y manipularlo para que se comporte y actúe de cierta manera mediante el uso de la repetición. Eso es si aún no estás siendo manipulado.

6. Fatiga: Solo hay mucho que puede hacer cuando está físicamente exhausto y mentalmente cansado. Cuando carece de sueño y está fatigado, su energía mental se agota y se vuelve menos alerta, lo que facilita la manipulación.

Además de privarlo del sueño, su manipulador también puede brindarles a sus víctimas y participar en actividades físicas que disminuyan sus capacidades físicas y cognitivas a la larga, como el trabajo forzado y los ejercicios de rutina difíciles. Un cambio brusco de la dieta, como la disminución de la ingesta de proteínas, también puede debilitar el cuerpo y la mente de su posible víctima.

7. Formando una nueva identidad: El objetivo final de los manipuladores es hacerte perder y asumir una nueva identidad diferente y lejos de lo que eres y solías ser. Quieren que adquieras una nueva identidad que siga todas sus instrucciones sin cuestionarlas. Te hacen creer y reconocen que son buenas personas que están haciendo algo grandioso, te hacen aceptar y aceptar que son divertidas e interesantes, te hacen reconocer que sus puntos de vista y opiniones son válidos. Su objetivo es hacer que aceptes una cosa sobre ellos y, antes de que te des cuenta, ves otra cosa sobre ellos y aceptas y sigues aceptando hasta que desees ser coherente con tus palabras y acciones que comienzas a identificar como un miembro del grupo.

8. Publicidad: Los medios de comunicación emplean esta técnica para alterar nuestras percepciones de belleza, riqueza y perfección. Esto se ve a través del uso de modelos de imagen perfecta en la televisión y las vallas publicitarias que le instan a comprar algo que va desde cosméticos hasta bebidas comunes. El efecto de esta técnica de control mental por parte de los medios es visto por personas que tienen una definición perversa de belleza, trastornos alimenticios, procedimientos médicos aumentados para aumentar el cuerpo, autolesión y descontento general y falta de confianza en el cuerpo.

9. Programas de televisión Reality: El efecto de este control mental por parte de los medios de comunicación es que promueve y alienta a los niños y adultos jóvenes a que no necesitan hacer nada ni ser educados, todo lo que necesitan hacer es tratar de estar en la televisión y pueden ser famosos. Estas estrellas de la televisión de realidad son los peores modelos para seguir en cualquier persona que se les ocurra, sin embargo, porque están en la televisión y son famosas, son capaces de controlar e influenciar a los niños para que aspiren a nada más que a ser estrellas de televisión incluso cuando no tienen nada que ver. Ofrecer al mundo excepto sexo gratis en TV en vivo.

10. Lavado del cerebro: El concepto de lavado de cerebro funciona paralizando primero a la víctima y sometiéndola a la autoridad y la misericordia del manipulador. Cuando están rotos e indefensos, son alimentados con ideas y conceptos que son novedosos para ellos. Están aislados y obligados a creer que a sus familias no les importa, se ven obligados a confesar y aceptar las nuevas ideas que les están dando de comer. Están privados y hambrientos y solo son recompensados cuando logran ciertas tareas que indican cuánto están aceptando la nueva idea.

11. Técnicas de conversión: Esta es la transformación completa y el cambio de las ideologías, creencias e identidad de uno en otras completamente nuevas y diferentes. Es algo similar al lavado de cerebro en el sentido de que también toma la forma de suciedad que rompe a las víctimas y las hace depender de su manipulador antes de presentarles sus valores y adoctrinarlos hasta que se conviertan por completo.

12. Persuadiendo con fuerza de voluntad: La persuasión es una manera fácil de controlar y manipular las mentes de las personas. Esto es utilizado por excelentes vendedores y vendedores. La fuerza de voluntad es una herramienta útil en la persuasión, y los manipuladores la usan al ejercer una presión sobre ti, que aumenta de vez en cuando. Le dan razones por las que debe hacer su voluntad, traen a otras personas para tratar de convencerlo de que las acepte, no se rinden y siguen presionando y empujando, usando palabras que transmiten voluntad. Con el tiempo, la víctima cederá a su persuasión y aceptará lo que dice.

13. Deportes, religión y política: El concepto de estos como una técnica de control mental está en su tema central de divide y vencerás. Rompen la capacidad y la tendencia natural de las personas a cooperar para sobrevivir y les enseñan a formar equipos y ser un equipo por el bien de ganar y dominar al otro equipo. La religión, por otro lado, ha causado más guerras en la historia debido al lavado de cerebro y el condicionamiento de sus seguidores. La política ha sido capaz de impulsar la falsa propaganda y enfrentarse a las personas promoviendo falsas ilusiones que los ciegan a la verdad.

13. Poder: Esta es la habilidad que tienes que empleas para obtener lo que quieras. Puede que no siempre sea posible obtener lo que desea gracias a otras personas, pero lo que hacen los manipuladores es comprender el poder que tiene sobre ellos y usarlo para su ventaja. El uso del poder implica influir en lo que dicen las personas, cómo piensan y cómo actúan. El poder más efectivo es el que se usa de una manera sutil que las víctimas no saben que se está usando en ellas. Comprender cuánto poder tienes y cuánto tienen otras personas hace que sea más fácil manipularlos.

14. Propaganda: Esta es una técnica utilizada por aquellos en política y poder en general para controlar las mentes de sus sujetos. La propaganda funciona iniciando frases y eslóganes pegadizos que los sujetos cantan, crea una ilusión de actividades llevadas a cabo en la base, destruye el carácter y la personalidad del oponente y clasifica al oponente como negativo. Promueve al líder como más competente y confiable. Puede ser muy útil incitar a la violencia mediante el uso de palabras que provocan emociones fuertes.

15. Drogas: El objetivo de los fabricantes de estas drogas es apropiarse de su mente y controlar sus acciones asegurándose de estar enganchado y adicto a ellas. Te hacen desearlo, te hacen desearlo, ya que tu vida depende de ello porque tu vida realmente depende de ello. ¿De qué valor es un ser vivo sin su mente? Estas compañías farmacéuticas lo saben mejor, por eso siguen estableciendo el gobierno y siguen inundando las calles con drogas, narcóticos, alcohol y analgésicos que no hacen más que adormecer la mente.

El control mental y sus técnicas pueden ser empleados por prácticamente cualquier persona y cualquiera puede ser víctima. El control mental puede ser utilizado por cualquier persona que quiera manipular o influir en otro individuo. Estas técnicas anteriores tienen diferentes propósitos que pueden ser personales, sociales o incluso políticos. El objetivo de cualquier manipulador es hacer que sus víctimas pierdan su libertad y capacidad de pensar y razonar por sí mismas. Es hacer que sus víctimas pierdan su identidad y convicciones que han construido con el tiempo.

El control mental no es infrecuente entre sectas, grupos y cultos. Sus líderes usan estas técnicas para agregar nuevos miembros a sus sectas, adoctrinar y mantener activos a sus miembros actuales y al grupo.

Las personas que carecen de empatía, como sociópatas, psicópatas y narcisistas, están bien versados en el arte de la manipulación y el control.

Algunas otras personas con una gran cantidad de poder e influencia pueden controlar las mentes de las personas dentro de su esfera de influencia, como maestro-alumno, esposo-esposa, médico-paciente, padre-hijo, jefe-empleado.

Capítulo 13: Uso positivo de técnicas de control mental

Las técnicas de control mental no solo son útiles en la manipulación y el control de otras personas. Las técnicas de control mental pueden ser una buena o una mala herramienta, dependiendo de en qué manos esté.

Las técnicas de control mental no solo se aplican o usan con fines negativos. También son útiles en otras situaciones siempre que no sean invasivas y las víctimas no sean obligadas o intimidadas a aceptar. Cuando los psicólogos implementan estas técnicas de control mental en el tratamiento de ciertas dolencias y adicciones en sus pacientes, pueden ser inmensamente útiles en la salud y la vida general de estos pacientes. Estas técnicas son excelentes maneras de superar las experiencias traumáticas, suprimir y superar las adicciones, aumentar la autoestima y superar los suicidios o pensamientos que constituyen o apestan a autolesiones.

En pocas palabras, las técnicas de control mental no siempre son malas, solo se vuelven negativas cuando se usan con fines egoístas.

1. **Visualización**: La visualización como herramienta de control mental funciona perfectamente, ya que cuando te visualizas haciendo ciertas cosas, te encuentras teniendo

la fuerza, la energía y la capacidad de trabajar para lograr ese éxito en particular. Esta técnica de visualización funciona para atletas y deportistas en general. Es más probable que ganen cuando ya han ganado en sus mentes. Es más fácil para ellos saltar sobre esa barra cuando su mente ha saltado.

2. **Meditación**: Este truco de controlar la mente es tan antiguo como la raza humana. La meditación es una forma de calmar la mente y librarla de todos los pensamientos, es una forma de permitir que la paz fluya hacia la mente y permitir que la calma entre en ella. La mediación permite que su mente se concentre en el presente y en lo que es más importante.

3. **Auto hipnosis**: Es similar a la meditación. Le permite a la mente enfocarse en un solo objetivo repitiendo un mantra que está en línea con el objetivo.

4. **Escrituras**: Escribir tiene una forma de dar forma a las cosas. Cuando escribe sus objetivos, le da una forma concreta y una vida propia. Se hace más fácil rastrear y controlar cuándo puedes sostenerlo en tus manos y visualizar las palabras.

¿Cómo identificas manipuladores? Realmente no hay una forma directa de identificar a esas personas, pero hay rasgos que debe tener en cuenta. Incluyen:

1. **Cuando actúan todo dulce y cariñoso**. Esto no quiere decir que todos los que se portan bien y se preocupan por ti son manipuladores. Esto es algo para tener en cuenta porque los manipuladores a menudo establecen un nivel de confianza con sus víctimas antes de que se enfrenten a ellas. Esto también es importante porque cualquiera puede manipularte, especialmente las personas cercanas a ti.

2. **Cuando tienen una forma de autoridad y poder sobre ti**. Cuando son físicamente más fuertes, son tu líder o mayores que tú o, por lo general, poseen algo que los coloca en la escalera sobre ti. Recuerde, el poder puede ser mal usado y maltratado.

En resumen, ¿puedes influir en los pensamientos de otras personas? Si. ¿Pueden otros influir en tus propios pensamientos? Sí pueden. Es muy posible influir en los demás y hacer que hagan lo que quieras en función del tipo de autoridad y poder que tienes sobre ellos. ¿Es posible hacer que obedezcan y escuchen todas sus órdenes sin cuestionarlas? Sí, existe la posibilidad de que esto suceda.

Por lo tanto, si bien es posible que no pueda evitar que otros manipulen a otras personas, asegúrese de no usar su influencia sobre ellos como una herramienta para el control u otros fines egoístas.

Capítulo 14: Mitos del lenguaje corporal

A estas alturas ya comprende que, a sabiendas o no, todas las partes involucradas en cada conversación envían y reciben señales no verbales. Pero algunas cosas aún podrían obstaculizar el dominio y el aprovechamiento de las habilidades de comunicación verbal y no verbal. Una de esas cosas es una noción preconcebida errónea. Discutamos algunos.

1. **Puedes atrapar a un mentiroso al notar cómo evitan el contacto visual**. Si bien es cierto que algunas personas, especialmente los niños, preferirán apartar la mirada de su mirada si no son honestos, algunos mantendrían contacto visual para desanimarlo. Las personas que se han acostumbrado a mentir y ahora son descaradas al respecto pueden mantener su mirada mucho más tiempo y con más frecuencia de lo habitual. Como tal, no debe confiar únicamente en el contacto visual para detectar mentiras.

2. **Puede leer la mente de una persona leyendo su lenguaje corporal correctamente.** Por supuesto, puede hacer conjeturas casi precisas sobre las emociones de una persona observando su lenguaje corporal. Pero la lectura de la mente está tratando de aprender por qué

están expresando tales emociones, y eso es algo completamente diferente.

3. **Sonreír y mover las manos durante un discurso no es profesional.** Aquellos que aceptan esto como un hecho pronuncian discursos o intentan mantener conversaciones con poco o ningún movimiento de manos o sonriendo. Lo que resulta es un discurso poco atractivo y no comunicativo.

4. **Si la persona con la que estás hablando se cruza de brazos, esto implica una resistencia a la conversación.** Este mito ignora por completo el hecho de que hay varias razones por las cuales alguien se cruzaría de brazos. La persona podría estar tratando de mantenerse caliente a bajas temperaturas. Además, podría ser que simplemente tienen ganas de cruzar los brazos.

En esencia, las señales no verbales comunes no deben tomarse como prueba definitiva de un comportamiento o emoción particular.

Conclusión

Cuando se mencionan temas como el control mental y el análisis humano, a menudo se considera que significa algo oscuro y malicioso. Como si, la única razón por la que una persona aprendería el análisis humano debe ser para que puedan ser mejores manipuladores. Al leer este libro, debe haber entendido que no se le anima a aprovecharse de nadie.

Hay varios beneficios para aprender el análisis humano. Algunos de los cuales son; poder ofrecer consuelo incluso cuando la otra parte no está dispuesta a compartir sus problemas. Serías capaz de mostrar más empatía de lo habitual. A veces, no es con quien estás hablando se ha negado a compartir las cargas de su corazón o comunicar sus pensamientos claramente contigo. Es posible que no puedan hacerlo debido a la barrera del idioma o al impedimento del habla. La necesidad de poseer la capacidad de leer señales no verbales en tales situaciones no puede ser exagerada.

También ha aprendido los diversos métodos para influir en las acciones de cualquier persona que desee. Con suerte, este libro te ha permitido salir y hacerte cargo.

Referencias

Balogun, S. (2019). Why is verbal communication so important for people? Retrieved

from
https://www.google.com/amp/s/www.legit.ng/amp/1226883-verbal-communication-definition-types-importance.html

Direct communication. (2018). Retrieved from

https://www.goodtherapy.org/blog/psychpedia/direct-communication

Goman, C. (2017). 10 body language myths that limit your success. Retrieved from

https://www.google.com/amp/s/www.forbes.com/sites/carolkinseygoman/2017/11/05/10-body-language-myths-that-limit-your-success/amp/

Indirect communication. (2015). Retrieved from

https://www.goodtherapy.org/blog/psychpedia/indirect-communication

Joyce, C. (2012). The impact of direct and indirect communication. Retrieved from

http://www.uiowa.edu/~confmgmt/documents/DIRECTANDI
NDIRECTCOMMUNICATION.pdf

Learn how to read and use body language in ways that build better relationships at

home and work. (2019). Retrieved from
https://www.helpguide.org/articles/relationships-communication/nonverbal-communication.htm

Mind-control. (n.d.). Retrieved from

http://changingminds.org/techniques/mind_control/mind_co
ntrol.htm

Morrow, J. (2011). A 7-step guide to mind-control: how to stop begging and make people

want to help you. Retrieved from
https://www.copyblogger.com/mind-control-marketing/